仕事で使える

管理
会計

元国際教養大学
客員教授
公認会計士

土田義憲

ロギカ書房

読者の皆さんへ

　管理会計は、企業会計の一分野として、頻繁に財務会計と対比して紹介されます。管理会計は、企業の業務管理者に対して業績管理に役立つ会計情報を提供することを目的として発達してきました。しかし、今日では、企業のみならず、中央政府や地方自治体などの公共団体、NPO法人・病院や学校などの非営利組織でも、広く利用されています。

　管理会計の起源は定かではありませんが、19世紀中頃におけるイギリスの産業革命期に発明された蒸気機関を動力源とする大量生産方式が普及しだした、19世紀末から20世紀初頭にかけてのアメリカ合衆国で大きく発展しました。

　つまり、大量生産方式に参加する多くの工員の作業を自らの目で監督するのが難しくなった経営者が、数字を使って管理する手段として、原価計算、標準原価計算、損益分岐点分析（CVP分析）、予算管理、差額原価分析、現在価値法、資金管理などのテクニックを考案していったのです。

　しかし、これらは、一気に、一直線に考案されたわけではありません。幾人もの先人たちが、時代を超えて、行ったり来たりしながら、次第に確立していったものです。それらは、100年経った現在でも使用されており、私達は、先人たちの努力の恩恵に預かっているわけです。

　会社における管理会計の機能を現代風にアレンジすると、どうなるでしょうか？

　会社は営利を目的とした人の集まりです。営利とは儲けることで、「儲ける」とはお金を増やすことです。会社が儲けるためには、収入が支出を上回る活動をしなければなりません。

　ところが、会社の活動において、計画と結果が一致しないことはしばしば起こります。この商品は「思ったほど売れなかった」、「売れたけど儲か

らなかった」などです。その場合は、売れるようにする、あるいは儲かるように工夫する必要があります。

　その際に、ある活動による収入が、そのための支出を上回るか否かを考えるための情報を提供するのが管理会計です。

　本書は、大学の講義、生産会社および販売会社での出来事を中心に、仕事の計画、管理、意思決定の際に利用できる管理会計のテクニックを紹介しています。

　本書の構成は第1部から4部に分かれています。第1部は商品やサービスの"販売価格を決める"際に役立つ原価計算のテクニック、第2部は利益獲得に必要な"販売数量を計画する"際に役立つ利益計画のテクニック、第3部は"新しく参入するか、中止するかを判断する"際に役立つ意思決定のテクニック、第4部は"資金の調達を決定する"のに役立つ資金予算設定のテクニックを紹介しています。

　本書が皆様方の管理会計のテクニックのご理解にお役に立てれば幸いです。

2024年1月28日

元国際教養大学客員教授
土田義憲
（公認会計士）

第11章
差額原価分析の事例　120

第12章
プロジェクト投資の意思決定　142

第4部
資金計画と管理（いくら必要なのかな〜に応える）

主な登場人物

旭精密機械株式会社：電子装置を装備した工作機械のメーカー。
汎用品を主力とするが、注文品も生産する。

堀越 めぐみ：
旭精密機械株式会社 執行役兼経営企画部長。
大学卒業後、旭精密機械株式会社に入社。
大学でマーケティングと会計学を学んだ知識を生かして営業成績を伸ばし、
35歳の若さで執行役兼経営企画部長に就任。
母校の帝都国際大学で、週1回、商品・サービスの原価計算について講義をしている。

若葉 みどり：
旭精密機械株式会社　営業課長

沢端 英夫：
旭精密機械株式会社　営業課主任

寒川 道子：
旭精密機械株式会社　経営企画課課長

西野 美織：
旭精密機械株式会社　営業課を経て、現在経営企画課員

舘石 広志：
旭精密機械株式会社　原価計算課長

赤城 尚子：
旭精密機械株式会社　原価計算課員

森川 泉：
事務機商社企画課長。堀越めぐみの大学時代からの友人

堀越 茜：
堀越めぐみの妹。レストランを経営している

白鳥 慶子：
帝都国際大学3年

大川 悠里：
帝都国際大学4年 マスコミ関係を中心に就活中

第1部

商品1単位の原価と販売価格

いくらで
売ろうかな〜
に応える

第1章
販売価格の構成

今日は、旭精密機械株式会社執行役の**堀越めぐみ**さんが、母校の帝国国際大学で原価計算の講義をする最初の日です。

受講者は、3年生の**白鳥さん**、4年生の**大川君**をはじめとする22名です。

堀越先生
白鳥さん
大川くん

堀越先生　「皆さん、おはようございます」

大川君、白鳥さん　「おはようございま〜す！」

堀越先生　「この講座で商品やサービスの**原価計算**を担当する堀越です。どうぞよろしくお願いします」

大川君、白鳥さん　「よろしくお願いしま〜す！」

大川君　　「ところで先生、ちょっといいですか？」

堀越先生　「どうぞ、なんでしょう？」

大川君　　「**堀越先生**は、民間の会社で役員に就いていらっしゃるということですが、なぜ、この大学で講義をすることになったのですか？」

白鳥さん　「その経緯について、教えてください？」

堀越先生　「ほんと、不思議な縁ですよね！実は、私は、この大学の会計学の主任教授である上田先生の最初の教え子なの。その縁で、実務での経験を踏まえて商品やサービスの原価に関する講義をしてほしいと上田先生から依頼を受けたのよ！」

白鳥さん　「では、先生は、私たちの先輩ですか！？」

堀越先生　「そうなります。よろしくね！」

大川君、白鳥さん　「うわぁ、うれしい。よろしくお願いしま〜す！」

堀越先生　「では、さっそく、**商品やサービスの販売価格はどのように決**

まるかを見ていきましょう」

1. 原価積上げによる販売価格

堀越先生「例えば、皆さんがコンビニやスーパーで買う商品の**販売価格**は、どのように決まると思いますか？」

大川君　「どのようにって…？？？」

白鳥さん「コンビニやスーパーが決めているのではないですか？」

堀越先生「もちろん、そのとおりです。販売価格はコンビニやスーパーが決めています。でも、あてずっぽうに決めているわけではありません。あるルールに従って決めているのです」

大川君　「えっ、販売価格の決め方にルールがあるのですか？」

白鳥さん「それは、どんなルールですか？？」

堀越先生「商品を生産する会社は、購入した原材料を加工して商品にします。コンビニやスーパー等の小売会社はそれを仕入れて顧客に販売するわよね」

大川君、白鳥さん「はい、上田先生の授業で習いました」

堀越先生「生産会社も小売会社も、営利を目的として活動していますから、**商品の生産や仕入に支出した金額よりも高い金額の販売収入を得る**必要があります」

大川君　「当然、そうですよね！」

白鳥さん「すると、販売価格を決定するには、商品の生産や仕入に要した金額を把握する必要がありますね？」

堀越先生「そのとおりです。では、商品の生産や仕入に要する支出にはどのようなものがあると思いますか？」

大川君　「原材料の生産者に支払う代金は当然だけど、これだけでいいのかな？」

第１部　商品１単位の原価と販売価格

白鳥さん 「会社の中には、工場の生産ラインで働いている人や、原材料の購買に従事している人がいるわ！この人たちには給料を支払うわよね？」

堀越先生 「そうね。そのほかには、どのような人が働いているかしら？」

大川君 「顧客を訪問して営業活動をしている人もいるよね！」

白鳥さん 「経理や人事、総務などの業務に従事している人もいるわ」

大川君 「情報システムの開発や運用に従事している人もいるよね」

白鳥さん 「この人たちは、様々な道具や装置を使用しています。特に工場では、多くの機械や装置が動いているわ。これを買うためにはお金を支払わなければならないわよね！これらも商品の生産や仕入に必要な支出金額じゃないのかしら？」

堀越先生 「そうですね、会社の活動に要する支出はすべて、商品やサービスを顧客に提供するために必要な支出です。これらの支出は**原価**と呼ばれています」

大川君 「すると、販売価格は、これらの原価を上回る金額になるということですか…？」

白鳥さん 「先生、なんだか頭が混乱してきました？」

堀越先生 「そうよね。では。これまでに出てきた様々な支出を整理してみましょう。まず生産会社ですが、生産会社が小売会社に商品を販売するときの価格は、このようになります」

と言って、以下の図を書きました。

図表 1-1：製造原価と販売価格の関係

製造原価に販売費、管理費、財務費用を加えたものが総原価で、それに期待利益を加算した額が製品の販売価格になる

製造原価	販売費	管理費	財務費用	期待利益
総原価				
販売価格				

大川君　「製造原価、販売費、管理費、財務費用、そして期待利益とあ
　　　　りますが、これはどのようなものですか？」

白鳥さん「初めて聞く言葉よね！」

堀越先生「**製造原価**は、商品を製造するために掛かる支出です。これに
　　　　は原材料費、工場の工員の給料、機械や装置の購入費、その他
　　　　工場で発生する様々な経費への支出が含まれます」

大川君　「**販売費**や**管理費**はどのようなものですか？」

堀越先生「販売費は営業活動に従事している人の給料や出張旅費などの
　　　　支出です。**管理費**は総務、人事、経理、情報システムなどの業
　　　　務に従事している人の給料や設備のための支出です」

大川君　「なるほど！」

白鳥さん「**財務費用**というのは何ですか？」

堀越先生「財務費用は、銀行等からお金を借りている場合の支払利息
　　　　です」

白鳥さん「支払利息も原価ですか？」

堀越先生「そうです。製造原価、販売費、管理費、財務費用のすべてが
　　　　原価であり、これを集計したものが**総原価**です」

白鳥さん「最後の、期待利益と言うのは何ですか？」

堀越先生「**期待利益**は、その商品の販売で獲得したい利益の大きさです」

大川君　「なるほど、**総原価に期待利益を加えて商品の販売価格は決ま
　　　　るのか？**」

堀越先生「そのとおりです」

白鳥さん「…でも先生、商品の販売価格は1個当たりいくらと決めるわけ
　　　　だから、会社の中で発生した製造原価や販売費、管理費などの
　　　　原価は、商品1個ごとに把握する必要がありますよね」

堀越先生「そうね。会社で発生したこれらの原価を集計し、それを生産
　　　　した商品数量で割って商品1個当たりの原価を計算する必要が
　　　　ありますね。この作業を**商品の原価計算**といって、この講座で

第1部　商品1単位の原価と販売価格

とりあげるテーマです」

白鳥さん 「では先生、小売会社の場合の商品の販売価格は、どのように決まるのですか？」

堀越先生 「小売会社の場合、製造原価はないわ。代わりに商品を生産会社から買ったときの支出があるわ。これを**仕入原価**といいます。あとは 生産会社と同じね」

大川君 「なるほど！」

堀越先生 「小売会社は、顧客へ商品を販売する販売員を多く抱えているし、レジで働いている人もいるのが特徴です」

2. マーケットでの価格決定

大川君 「総原価に期待利益を加えて商品の販売価格を決めると言うけれど、そんなにうまくいくのかな？自分で商売をやっている僕の叔父は〝売値が下がった〟と、いつも嘆いているけれど…」

白鳥さん 「そうよね。多くの会社が生産する商品の販売価格は、他社との競争で必然的に低くなっていくのではないですか、先生？」

大川君 「そうか！掛かった支出金額の積上げで販売価格が決まるとは、限らないということか？」

白鳥さん 「そう！どうですか、先生？」

堀越先生 「確かにそのとおりです。総原価と期待利益の大きさにかかわらず、他社の販売価格との比較で決めざるを得ないこともありますね！むしろ、その方が多いといっても良いでしょう」

白鳥さん 「そうすると、期待利益が獲得できないとか、最悪の場合、販売価格が総原価を下回る場合もあるということですよね？」

大川君 「そんなことになったら、赤字になってしまうよ？」

堀越先生 「儲けることを前提にして営業活動をやるわけだから、赤字の

ままというわけにはいかないわよね！」

大川君　　「では、どうするのですか？」

堀越先生「販売価格が市場で決まり、販売価格が総原価を下回る状況に
陥った会社では、総原価を販売価格以下に抑える必要がありま
す。つまり、**市場の販売価格から逆算して期待利益を確保でき
るだけの総原価を計算し、実際の総原価をその範囲に抑える活
動を行います**」

白鳥さん「具体的には、どんな活動を行うのですか？」

堀越先生「**図表1-1**に示したように、総原価は商品1単位当たりの製造
原価、販売費、管理費、財務費用の合計からなります。この中
のいずれかの原価を削減することができれば、総原価を市場の
販売価格以内に引き下げることが可能です。そのため、次のよ
うな活動が行われます」

と言って、以下の項目をリストアップしました。

- 仕入先もしくは仕入方法を変更し、原材料の仕入にかかる購入
価格を引き下げる
- 生産方法を変革し、使用する原材料を購入価格が安い代替品に
変更する
- 生産工程を見直して商品1単位当たりの原材料の使用量や
加工時間を減らす
- 販売方法を見直して販売費を減らす
- 電気の消灯・点灯をこまめに行い電気料金を引き下げる

大川君　　「なるほど、会社はこのような努力をしているのか？」

白鳥さん「会社の経営は厳しいのですね！」

堀越先生「そうね！」

第1部　商品1単位の原価と販売価格

白鳥さん 「先生、もしどうしても総原価を販売価格以下に引き下げられない場合は、どうするのですか？」

堀越先生 「その場合は、その商品の生産を中止し市場から撤退することが考えられます。生産の中止により、売上高という販売収入はなくなりますが、同時に原価も発生しなくなるので、赤字の状態から逃れることができます」

大川君 「なるほど！儲からない商品の生産を止めてしまえばいいのか？」

3. 発生しなくなる
   原価の検討

堀越先生 「そのとおりよ。でも、その場合、注意しなければならない点が1つあります。それは、**商品の生産中止により発生しなくなる原価の範囲**です」

大川君 「発生しなくなる原価の範囲…？それは、どういうことですか？」

白鳥さん 「つまり**原価には、商品の生産を中止した場合に発生しなくなる原価と、中止しても発生し続ける原価がある**ということですか？」

堀越先生 「そのとおりよ。総原価には、原材料費や商品の輸送費などのように商品の生産および販売数量に比例して発生する原価と、従業員の給料や事務所の家賃などのように商品の生産及び販売数量に関係なく一定額が発生する原価があります。前者は**変動費**、後者は**固定費**と呼ばれます」

大川君 「なるほど、変動費と固定費か！」

白鳥さん 「商品の生産を中止すれば変動費は無くなるが、固定費は無くならないということですね？」

堀越先生 「そのとおりよ。固定費は、商品の生産および販売数量に関係なく発生するので、仮に商品の生産を中止しても、継続して発生し続けます。したがって、ある商品の生産を中止する場合は、生産の中止により発生しなくなる原価が無くなる販売収入を上回ることを確認する必要があります」

大川君 「発生しなくなる原価が無くなる販売収入を上回ると、どうなるのですか？」

堀越先生 「その場合は、生産を中止にした方が赤字は減ることになるのよ」

白鳥さん 「じゃあ逆に、販売価格が生産中止により発生しなくなる変動費を上回っている場合は、どうなりますか？」

堀越先生 「販売価格が原材料費や輸送費などの変動費を上回っている場合は、上回ってる部分で固定費の一部を回収することができるので、会社全体の赤字を減らすことができるのよ！」

大川君 「どうも、難しくなってきたな！」

白鳥さん 「結論が二転、三転して、頭が混乱してきたわね？」

堀越先生 「そうよね。販売価格が変動費を上回る部分を貢献利益と言うけれど、**貢献利益がある限り、その商品の生産は続けた方がいい**というのが結論ですね。貢献利益の概念については、会社の利益計画の個所で詳細に取り上げます。今は、貢献利益という言葉だけ、覚えてください！」

大川君、白鳥さん 「はい、分かりました」

第１部　商品１単位の原価と販売価格

商品の原価計算の目的

　本項では、商品1単位当たりの原価を計算する目的として、販売価格の決定に役立てることを取り上げました。しかし、商品1単位当たりの原価を計算する目的は、他にもあります。その目的は複数ありますが、主なものは次の3つです。

①販売価格の決定

　本項で取り上げたように、商品の販売価格を決定する際の基礎になる情報を入手することができます。

②利益への貢献度

　2つ目の目的は、会社全体の利益に対する各商品の貢献度を分析する際の基礎になる情報を入手することです。

　商品1単位当たりの販売価格と製造原価を比較すれば、どの商品がより多くの販売マージン（粗利）を稼いでいるか、を明らかにすることができます。

③商品原価の管理

　3つ目の目的は、商品原価の管理です。

　商品の生産に要した原価を集計し、それをあらかじめ予定した原価と比較することによって、実際の原価が予定を上回っている（多く掛かりすぎている）か、あるいは下回っている（少なくて済んだ）かを知ることができます。そして、上回っている原価の削減努力につなげることができます。

第2章
原価の集計

白鳥さん「先ほど先生は、商品の販売価格を決定するには、会社の中で発生した製造原価や販売費、管理費、財務費用などのすべての原価を集計し、生産した商品数量で割って商品1個当たりの原価を計算するといいましたが、これらの**原価はどのように集計するのですか？**」

堀越先生「では、次は製造原価や販売費、管理費などの原価の集計について取り上げましょう」

大川君、白鳥さん「お願いしま〜す」

1. 原価の集計単位

堀越先生「まず、原価の定義ですが、**原価とは、物品やサービスを取得、生産、維持するために消費した価値のこと**で、支払った金額で表示します。販売活動や管理活動、財務活動のために支払った金額も〝原価〟です」

大川君「商品の原価は、大きく分けると製造原価、販売費、管理費、財務費用に分かれるのでしたね？」

白鳥さん「そう、そう！」

堀越先生「**製造原価**は、生産会社が商品を生産するために消費した原材料や働いた工員、生産設備の取得や維持、運転等に対して支払った金額です」

白鳥さん「**販売会社の場合は異なるのですか？**」

堀越先生「販売会社の場合は、他社が生産した商品を仕入れて販売する

第1部 商品1単位の原価と販売価格

ので製造原価はありません。その代わり、**商品の仕入にお金を支払います。** この支払った金額を〝仕入原価〟といいます。販売会社の場合も販売活動や管理活動、財務活動はありますので、このために支払った金額も〝原価〟です」

大川君　「サービス会社の場合はどうですか？」

堀越先生「サービス会社の場合は、サービスを提供する従業員、消費した資材、設備の取得や維持、運転等に対して支払った金額を**〝サービス原価〟といいます**」

大川君　「サービス会社の販売活動や管理活動、財務活動のために支払った金額も〝原価〟ですよね？」

白鳥さん「そうに決まっているでしょ！ね、先生？」

堀越先生「そう、そのとおりよ」

白鳥さん「これらの原価は、どのように集計するのですか？」

堀越先生「原価は、様々な目的のために、原価の情報を必要とする対象物に集計します」

大川君　「どういうことですか？」

白鳥さん「具体例で教えてください！」

堀越先生「**顧客に提供する商品やサービスはもちろん原価を集計する単位、すなわち原価の対象物**ですが、原価の対象物はそれらに限りません。**会社の顧客、作業現場、部や課などの事業組織も原価を集計する対象物になります**」

白鳥さん「つまり、商品やサービス以外に、顧客や作業現場、部や課などの事業組織ごとにも原価を集計することがあるということですか？」

大川君　「するとどうなるのですか？」

堀越先生「原価対象物としての顧客とは、例えば、名称が特定される個人や会社をいいます。顧客ごとに原価を集計することで、この

顧客は原価が掛かるとか、掛からないとかの情報を得ることができます」

大川君　「なるほど！」

白鳥さん「びっくりですね！では、**作業現場ごとに原価を集計すると、どんな情報が得られますか？**」

堀越先生「原価対象物としての作業現場とは、例えば、工事現場があります。工事現場ごとに原価を集計することで、この現場の建物は工事費が多く掛かっているとか、予算よりも少なく済んでいる、などの情報を得ることができます」

白鳥さん「事業組織に原価を集計すると、どのような情報が得られますか？」

堀越先生「原価対象物としての事業組織とは、会社や役所の中の部署のことです。部署ごとに原価を集計することで、工事現場と同様に、この部署は仕事の成果に対して原価が掛かり過ぎるとか、少なく済んでいるという情報が得られます」

大川君　「なるほど、原価は商品やサービスの販売価格を決めるだけでなく、様々な目的で集計されるのですね！」

白鳥さん「目からうろこ！です。先生、感激です！」

堀越先生「そう、よかったわ！」

2. 直接原価と間接原価

白鳥さん「様々な対象物に**原価を集計**するには、どのような手順を踏むのですか？」

堀越先生「原価を原価の対象物に集計するために、原価を**直接原価**と**間接原価**に区分します」

大川君　「直接原価と間接原価というのは何ですか？」

第1部　商品1単位の原価と販売価格

堀越先生「直接原価は、**消費量や使用時間などを手掛かりに原価の対象物に容易に紐づけることができる原価**です」

大川君　「なるほど。では間接原価は、容易に原価の対象物に紐づけられない原価ということですか？」

堀越先生「そうです。間接原価は、**原価の対象物に容易には紐づけることができないか、もしくは紐づけることは可能であるが、紐づけに多大な時間を要する、あるいは金額が小さいのでわざわざ紐づけるメリットがない、などの理由で原価の対象物に紐づけるのを回避した原価**です」

白鳥さん「では間接原価は、どのようにして原価の対象物に集計するのですか？」

堀越先生「間接原価は何らかの基準で原価の対象物に**配賦**する、つまり割り振るのが一般的です」

白鳥さん「すると、配賦された間接原価と原価の実際の消費量との関連性は無いということですか？」

堀越先生「間接原価を原価の対象物に配賦する基準には、原価の消費量に近いものを選択するのが一般的です。すなわち、**原価の対象物に配賦された間接原価と実際の原価の消費量は、まったく関連性がないわけではないが、関連性は低い**ということですね」

大川君　「なるほど！」

白鳥さん「では、**直接原価と間接原価は、どのように選別するのですか？**」

堀越先生「ある原価を直接原価とするか間接原価とするかの画一的な基準はありません。実務的には、全体の原価に占める割合が相対的に大きい原価は直接原価、そうでない原価は間接原価とするのが一般的です」

白鳥さん「すると、消費量などを手掛かりに原価の対象物に容易に紐づけることができる原価でも、全体の原価に占める割合が小さな原価は間接原価に区分することがあるということですか？」

堀越先生「そのとおりです。仮に、原価の対象物に紐づけ可能なすべての原価を紐づければ、より精密な原価を計算することができます。しかしその場合は、多くの手数を要することになります」

白鳥さん「なるほど。でも間接原価として集計し、ある基準で配賦すれば、原価の精度は落ちるが手間は省けるということですね！」

大川君「つまり、どの程度の精密な原価を必要とするのか、その程度に応じて直接原価と間接原価を区別するということですか？」

堀越先生「そのとおりです！」

堀越先生「また、直接原価と間接原価の区分は原価の対象物に容易に紐づけられるか否かによるものなので、その区分は原価の対象物によって異なってきます」

大川君「えっ、どういうことですか？」

堀越先生「例えば、原価の対象物を貨物事業部門と各輸送路線の二階層にしている会社があるとします。この会社がトラックを購入して貨物輸送に使用する場合、トラックの減価償却費や燃料費は貨物事業部門にとっては直接原価です。他方、これらは各輸送路線に割り振られるので、各輸送路線にとっては間接原価になります」

大川君「なるほど！」

白鳥さん「**ある原価は、直接原価にも、間接原価にもなる**ということですね？」

堀越先生「そうです、直接原価と間接原価の区分は相対的なものと言うことです！」

大川君「生産会社の総原価は、製造原価、販売費、管理費、財務費用からなりますが、商品1個当たりの原価を計算するにあたっては、どれが直接原価で、どれが間接原価になるのですか？」

堀越先生「製造原価は原価を製品に集計したものだから直接原価になるわね。販売費、管理費、財務費用は会社単位で集計して製品1

第1部　商品1単位の原価と販売価格

個に配分するから間接原価になるわ」

大川君、白鳥さん「なるほど、納得です！」

堀越先生「念のために言っておくけれど、実は**製造原価にも間接原価が含まれているのよ**」

大川君　「ええっ、そうなんですか？」

白鳥さん「**どんなものが間接原価になるのですか？**」

堀越先生「主たる原材料や部品、加工に直接従事する工員の給料などは直接原価だけれど、補助材料や燃料代、工場の建物や機械装置の減価償却費、その修理維持費などは間接原価なの。詳細は、次の製造原価の要素で取り上げるわ！」

大川君、白鳥さん「はい、分かりました～！」

3. 製造原価の要素

・・・

堀越先生「では次は、**製造原価の要素**について見ていきましょう」

大川君、白鳥さん「はい、お願いします」

堀越先生「製造原価を構成する要素の種類と分類方法は複数ありますが、製造原価の計算では**材料費、労務費、その他経費**の３つに分けます」

大川君　「材料費、労務費、その他経費、ですか？」

白鳥さん「それはどのような原価ですか？」

堀越先生「商品の構成物になる物品を**原料**もしくは**材料**といいます。原料や材料は外部から購入します。それを商品生産のために消費した場合、消費した量に対応する金額が〝**材料費**〟です」

白鳥さん「**原料と材料はどう違うのですか？**」

堀越先生「商品が何の素材からできているのかが分かる場合、その素材

は材料と呼ばれます。例えば、テーブルや机は、商品を見れば木材でできているのか、金属でできているのかが分かります」

大川君　「その場合の木材や金属は、材料ということですね！」

白鳥さん「なるほど。では原料と呼ばれるのは…？」

堀越先生「例えば、食用油は様々な食物から作られます」

白鳥さん「でも、その食用油が何からできているかは、ラベルに記述がない限り、分からないわよね？」

大川君　「分かった。商品が何の素材からできているのかが分からない場合、その素材は原料と呼ばれるのですね？」

堀越先生「そのとおりよ。一般的には、原料と材料の両方を合わせて**原材料**と呼んでいます」

白鳥さん「すると、消費したのが原料である場合は、原料費というのですね？」

堀越先生「いいえ、違います。一般的には原料費という言葉も使われるけれど、製造原価の計算では材料費に統一しています。そして材料費は、**直接材料費**と**間接材料費**に区分します」

大川君　「直接材料費と間接材料費ですか？」

白鳥さん「先ほどの直接原価、間接原価と関係あるのですか？」

堀越先生「そう、ありますよ。直接材料費は**直接原価**、間接材料費は**間接原価**になります」

大川君　「すると直接材料費は、消費量が商品に容易に結び付けられる原材料や部品などの購入金額ということですね？」

白鳥さん「間接材料費は、消費量が容易に商品に紐づけられないか、手間をかけて紐づけるのを回避した原材料、例えば、補助材料や燃料代などの購入金額ということですか？」

堀越先生「そう、そのとおりです」

大川君　「では、2つ目の〝**労務費**〟はどのような原価ですか？」

堀越先生「会社では従業員が働いています。その労働に対して、給料など

第1部　商品1単位の原価と販売価格

の名目でお金を支払います。その支払う金額が労務費です。労務費は**人件費**などと呼ぶこともあります」

白鳥さん「給料の他に、どのようなものが労務費に含まれるのですか？」

堀越先生「賞与や会社負担の社会保険料、退職金などが含まれます」

大川君　「なるほど、単に、給料だけではないのですね！」

白鳥さん「労務費も**直接労務費**と**間接労務費**に区分するのですか？」

堀越先生「そうよ。直接労務費は、従業員の作業時間が商品に容易に結び付けられる労務費で、例えば、生産ラインで直接生産の仕事に従事する作業員の労務費が該当します」

白鳥さん「すると間接労務費は、従業員の作業時間が容易に商品に紐づけられないか、紐づけるのを回避したものですね！」

大川君　「具体的には、どのようなものがあるのですか？」

堀越先生「例えば、工場長や工場事務員など、工場で働いているが生産ラインの仕事には従事しない従業員の労務費が間接労務費に該当します」

大川君　「営業所や本社で働く従業員もいますが、これらの人の労務費も間接労務費ですか？」

堀越先生「勘違いしないでほしいのですが、本社や営業所の従業員の労務費は販売費や管理費に区分され、製造原価でも間接労務費でもありません」

大川君　「なるほど！」

白鳥さん「納得です！」

大川君「では、３つ目の〝その他経費〟はどのような原価ですか？

白鳥さん「〝その他〟というくらいだから、材料費と労務費以外のすべての原価ということかしら？」

堀越先生「そのとおりよ。その他経費は、材料費と労務費以外で、工場で消費するすべての物品やサービスの購入金額です」

大川君　　「例えば、どのようなものがありますか？」

堀越先生「その他経費には、生産に係る特許権の利用に対するロイヤリティ、工場の建物や機械装置などの生産設備の維持修理費や減価償却費、電気料金、ガスや水道の料金、清掃費、などがあります」

白鳥さん「その他経費も、直接その他経費と間接経その他経費に分けるのですか？」

堀越先生「その他経費は、ロイヤリティの支払いなどを除くと、商品と容易に紐づけることが困難か、紐づけるのに値しないものがほとんどです」

大川君　　「ということは、その他経費のうち、ロイヤリティの支払い以外には直接その他経費はほとんどなく、ほぼすべてが間接その他経費に分類されるということですか？」

堀越先生「そのとおりです。これからの講義でも、その他経費はすべて間接その他経費に分類されるものとして説明します。また間接その他経費は、簡潔に、**間接経費**と呼びます」

大川君、白鳥さん「了解です！」

堀越先生「これまで、製造原価の要素をこの5つに分類しました」
と言って、以下をホワイトボードに書きました。

- 直接材料費　　● 間接材料費　　● 直接労務費
- 間接労務費　　● 間接経費

大川君　　「直接材料費は原材料の消費量などを手掛かりに商品に紐づけることができる材料費、直接労務費は作業時間などを手掛かりに商品に紐づけることができる労務費でしたね！」

第1部　商品1単位の原価と販売価格

白鳥さん 「間接材料費や間接労務費は、その原価を商品に容易に紐づけることができないか、もしくは紐づけるのを回避した原価でしたね。間接経費もそうですね」

堀越先生 「そうですね。間接材料費や間接労務費、間接経費は、消費量などで商品に紐づけられないので、何らかの基準で商品に配賦することになります」

白鳥さん 「その場合は、間接材料費、間接労務費、間接経費ごとに**配賦基準**を設けるのですか?」

大川君 「そうすると、手間が掛かりますね?」

堀越先生 「そうですね。それを避けるために、間接材料費、間接労務費、間接経費を、まとめて**製造間接費**と呼び、1つの配賦基準で商品に配賦するのが一般的です。つまり、製造原価の要素を原価計算用に再分類すると、このように直接材料費、直接労務費、製造間接費の3つになります」

と言って、以下の図を書きました。

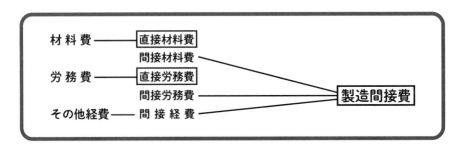

大川君、白鳥さん 「なるほど!」

4. 各原価要素の計算

大川君　「ところで先生、直接材料費や直接労務費、製造間接費は、ど
　　　　　のように計算するのですか？」

堀越先生「**直接材料費は、消費した直接材料の数量にその材料の購入単
　　　　　価を乗じて計算します**。算式にすると、このようになります」

と言って、以下の算式を書きました。

直接材料費 = 材料消費量 × 購入単価

大川君　「具体例で教えてください」

白鳥さん「そうね、その方が分かりやすいわね！」

堀越先生「いいでしょう。例えば、1 kg 390 円の材料を 6,500kg 使用した
　　　　　場合の直接材料費は、このように 2,535,000 円になります」

と言って、以下の算式を書きます。

6,500kg × 390 円 = 2,535,000 円

白鳥さん「消費する原材料が複数ある場合は、材料ごとにこの計算をする
　　　　　のですか？」

堀越先生「そうです。材料ごとにこの計算を行います」

大川君　「直接労務費の計算は、どうするのですか？」

堀越先生「**直接労務費は、生産ラインでの作業時間に作業員の1時間当
　　　　　たり賃率を乗じて計算します**。算式にすると、このようになり
　　　　　ます」

と言って、以下の算式を書きました。

直接労務費 = 作業時間 × 賃率

白鳥さん「作業員が複数いる場合は、作業員ごとにこの計算をするのです
　　　　　か？」

第1部　商品1単位の原価と販売価格

堀越先生「そうです。作業員ごとにこの計算を行います。作業員ごとに
　　　　計算する手間を省くために、**工場全体もしくは作業グループご
　　　　とに作業員の平均賃率を算定し、作業員の合計作業時間に平均
　　　　賃率を乗じる方法**も、広く用いられます」

大川君　「具体例で教えてください？」

堀越先生「例えば、7人の作業員がいるグループの1時間当たり賃率の
　　　　合計が 14,700 円の場合、平均賃率は 2,100 円になります。この
　　　　グループの従業員が合計 1,050 時間働いた場合の直接労務費は、
　　　　このように 2,205,000 円になります」

と言って、以下の算式を書きました。

$$1,050 \text{ 時間} \times 2,100 \text{ 円} = 2,205,000 \text{ 円}$$

大川君　「では、**製造間接費は、どのように計算するのですか？**」

堀越先生「製造間接費に属する間接材料費、間接労務費、間接経費は、そ
　　　　の支払金額や消費金額に応じて計算し、集計します」

大川君　「そして、集計した金額を商品に配賦するのですよね？」

白鳥さん「配賦金額は、どのように計算するのですか？」

堀越先生「**配賦金額は、配賦基準の使用量に配賦率を乗じて計算します。**
　　　　算式にすると、このようになります」

と言って、以下の算式を書きました。

$$製造間接費 = 配賦基準の使用量 \times 配賦率$$

大川君　「配賦基準の使用量や配賦率の意味がよく分からないのですが
　　　　…、具体例で教えてください」

白鳥さん「そうね、これでは、イメージが湧かないわよね」

大川君　「配賦基準には、どのようなものがあるのですか？」

堀越先生「伝統的な配賦基準としては、**直接作業時間や機械運転時間が
　　　　あります。**製造原価に占める人件費の割合が大きい場合は直接

作業時間が、機械の減価償却費や機械の運転に要する経費の割合が大きい場合は機械運転時間が適しています」

大川君 「今でも、この配賦基準が使われているのですか?」

堀越先生 「現代では、ITコストなど、人件費や機械の運転費以外の製造間接費の割合が増えています。このような会社の場合は、直接作業時間や機械運転時間は適切な配賦基準とはいえません」

白鳥さん 「その場合は、どのような配賦基準を使うのですか?」

堀越先生 「このような会社では、製造間接費の主要な発生原因ごとに製造間接費をいくつかのグループに分類し、各発生原因の発生量を配賦基準にする**アクティビティ・ベース・コスティング**を用いるのが一般的になっています

大川君 「アクティビティ・ベース・コスティング…ですか?」

白鳥さん 「すると、アクティビティ・ベース・コスティングでは、製造間接費のグループごとに複数の配賦基準を使用するということですか?」

堀越先生 「そのとおりです。アクティビティ・ベース・コスティングはアメリカで開発され、アルファベットの頭文字をとって**ABC**と呼ばれたり、日本語では**活動基準原価計算**とも呼ばれています」

大川君 「なるほど」

白鳥さん 「では先生、**配賦率は、どのように計算するのですか?**」

堀越先生 「**配賦率は、ある期間の製造間接費の発生金額をある期間における配賦基準の総使用量で割って算出します**」

大川君 「実際の製造間接費の発生額を、実際の配賦基準の総使用量で割って算出するのですか?」

堀越先生 「それでも良いのですが、その場合は実際発生額と実際の配賦基準の総使用量が確定するまでは配賦率が算定できないという問題があります」

大川君 「ということは…?」

第1部 商品1単位の原価と販売価格

白鳥さん　「つまり、ある期間が終了し、その期間の製造間接費の実際発生
　　　　　額と配賦基準の総使用量が確定するまでは商品の製造原価を計
　　　　　算することができないということになりますよね？」

堀越先生　「そのとおりです。これを回避するために、**製造間接費の予想
　　　　　発生額を配賦基準の予想総使用量で割って予定配賦率を算定し、**
　　　　　これに基づいて製造間接費を配賦する方法が広く用いられます。
　　　　　算式にするとこうなります」

と言って、以下の算式を書きました。

予定配賦率 = 製造間接費予想発生額 ÷ 配賦基準予想総使用量

大川君　　「例によって、具体例でお願いします」

堀越先生　「いいですよ。例えば、次期の製造間接費の予想発生額が
　　　　　1,600,000 円で、配賦基準である予想総直接作業時間が 1,000 時
　　　　　間の場合の予定配賦率は、以下のように直接作業 1 時間当たり
　　　　　1,600 円になります」

と言って、次の算式を書きました。

1,600,000 円 ÷ 1,000 時間 = 1,600 円 / 時間

白鳥さん　「この予定配賦率に、ある期間、例えば 1 か月間の実際の直接作
　　　　　業時間を乗じて、その月の配賦金額を計算するのですか？」

堀越先生　「そのとおりです。例えば、予定配賦率が直接作業時間 1 時間
　　　　　当たり 1,600 円で、ある月の実際の直接作業時間が 1,050 時間
　　　　　の場合、製造間接費の配賦額は、このように 1,680,000 円にな
　　　　　ります」

と言って、以下の算式を書きました。

1,600 円 × 1,050 時間 = 1,680,000 円

大川君　　「なるほど」

白鳥さん 「でも先生、予定配賦率を用いて製造間接費を商品に配布した場合は、配賦された金額と期間終了後に明らかになる実際発生額との間に差異が生じることがあるのではないですか？」

堀越先生 「もちろん、差異が生じますよ」

大川君 「差異が生じたら、どうするのですか？」

白鳥さん 「製造間接費の配賦額を再計算するのですか？」

大川君 「それは、つまり、商品の原価を再計算することを意味しますよね？」

白鳥さん 「これは、大変な作業になりますよね、先生？」

堀越先生 「そうですね。それを避けるため、この差異がよほどの多額でない限り、例えば、直接材料費、直接労務費、製造間接費の総額の1％を超えないなどの場合は、単純に製造原価の修正として、売上原価に加減算するのが原則です」

大川君、白鳥さん 「なるほど、納得です」

第1部 商品1単位の原価と販売価格

（付属解説）

原価の集計ステップと集計単位

　発生したすべての原価を集計し、それを生産した商品数量で割って、商品1単位の原価を計算しますが、商品の生産工程が単一で、単一もしくはごく少数の種類の商品しか生産していない場合を除いて、直接材料費や直接労務費、そして製造間接費を一気に商品に集計するわけではありません。

　多くの場合は、最初に、原価を所定の場所（生産工程や部署）に集計します。

　第3章と第4章で取り上げるように、製造原価の計算方法には**総合原価計算**と**個別原価計算**があります。総合原価計算では**生産工程**が、個別原価計算では**作業ユニット**（〝ジョブ〟ともいう）が、原価を最初に集計する場所になります。

　その際、直接材料費と直接労務費は消費量や作業時間などに応じて各生産工程や作業ユニットに集計し、製造間接費は適切な基準を使って各生産工程や作業ユニットに配賦します。

第3章
量産品の原価計算（総合原価計算）

　旭精密機械株式会社は、精密機械の汎用品と顧客の用途に応じた注文品を生産しています。

　汎用品は、様々な製造現場で使用されるもので、需要予測に基づいて継続的に生産しています。汎用品は商品の仕様が一律なので、使用する材料や部品も決まっています。汎用品の生産にかかるコストはどの商品もほぼ同じと考えられるので、全商品の直接材料費や直接労務費、製造間接費を集計し、これを生産した商品数量で割って**商品1単位の製造原価**を計算しています。

白鳥さん　「**最終的な商品1単位当たりの原価は、どのようにしてを計算するのですか？**」

堀越先生　「同じ規格の商品を連続的に生産する場合は、各商品に使用する原材料や部品などは同一のものが普通なので、どの商品の原価も同じと考えられます。だから商品ごとに区別して原価を集計するメリットは少ないのです」

白鳥さん　「はい分かります」

大川君　　「それで、どうするのですか？」

堀越先生　「そこで、**各生産工程で消費した直接材料費や直接労務費、そして製造間接費を生産工程に集計し、それを当該生産工程の生産数量で割って商品1単位当たりの原価を計算する**のです。この計算方法は、**総合原価計算**と呼ばれています」

白鳥さん　「総合原価計算を使用する会社はどのような会社ですか？」

堀越先生　「総合原価計算を使用するのは、原材料を加工して同質の商

第1部　商品1単位の原価と販売価格

品を連続して生産する会社です。このような商品を生産する会社には清涼飲料や酒類を生産する会社、紙を生産する会社、小麦粉や米粉を生産する会社、汎用商品を生産する会社などがあります」

1. 製造原価の集計

白鳥さん 「この前、授業の一環で工場見学に行きました。その工場では生産工程が複数に分かれていると聞きました。その場合の原価は、どのように集計するのですか?」

大川君 「生産工程が1つしかない場合と、何か違いがあるのですか?」

堀越先生 「あるわよ。**生産工程が単一の場合**は、一定期間、例えば1か月間中に工場で発生した直接材料費、直接労務費、製造間接費のすべてを集計し、それを生産した商品数量で割って、商品1単位当たりの原価を計算します」

白鳥さん 「生産工程が複数ある場合は、どうなりますか?」

大川君 「複雑な計算になるような気がするなぁ?」

堀越先生 「**複数の生産工程がある工場の場合**は、発生した直接材料費、直接労務費、製造間接費を各生産工程に集計し、その工程の生産した数量で割って、生産工程での商品1単位当たりの原価を計算します。そして、**各工程の原価を累積して最終商品の製造原価を計算します**」

白鳥さん 「発生した直接材料費と直接労務費は消費量などで紐づけして各生産工程に集計し、製造間接費は配賦基準で各生産工程に配賦するのでしたね?」

堀越先生 「そう、そのとおりよ。総合原価計算では、直接労務費と製造間接費を合わせたものを**加工費**と呼び、原価を直接材料費と加

工費の2つに区分するのが一般的です」

大川君 「生産工程が複数ある場合において、直接材料費と加工費を累積していくプロセスがイメージできないのですが…」

堀越先生 「では、この図はどうかしら？この図では、生産工程は A ～ D に分かれ、商品は A から D の順に加工されていき、直接材料費と加工費は累積されていく様子を表しているわ」

と言って、次の**図表 3-1** を書きました。

図表 3-1：各工程の製造原価の累積イメージ

● 各生産工程の直接材料費と加工費は累積される
● 最終製品の製品原価は各生産工程の製品原価の合計になる

生産工程 A	生産工程 B	生産工程 C	生産工程 D
			加工費
			直接材料費
		加工費 →	→
		直接材料費 →	→
	加工費 →	→	→
	直接材料費 →	→	→
加工費 →	→	→	→
直接材料費 →	→	→	→

加工 ──────────────────→ 製品

大川君 「なるほど。これは分かりやすいです！」

白鳥さん 「原価を累積していくイメージが分かるわ！」

堀越先生 「生産工程が複数ある工場では、最初の生産工程の当初でのみ直接材料が投入され、後の工程では加工されるだけということもめずらしいことではないわ」

第1部　商品1単位の原価と販売価格

白鳥さん「その場合に、直接材料費と加工費が累積されていくイメージは、どうなりますか？」

堀越先生「直接材料が最初の生産工程の当初でのみ投入されるケースでは、直接材料費に各生産工程の加工費が累積されて最終商品の製造原価になります。この様子をイメージしたのが**図表3-2**です」

図表3-2：直接材料は最初の工程でのみ投入

● 直接材料費は最初の生産工程Aの当初でのみ発生
● 生産工程B以降では加工費のみ発生
● 最終製品の製造原価は最初の工程の直接材料費と、各生産工程の加工費の合計になる

生産工程A	生産工程B	生産工程C	生産工程D
			加工費
		加工費 ──→	
	加工費 ──────→		
加工費 ─────────────→			
直接材料費 ──────────→			

直接材料 ──→ 加工 ────────────────────→ 製品

2. 完成商品と仕掛品への原価按分

堀越先生「連続して同種商品を生産する場合は、一定期間中に加工が完了した商品と期間末において加工途中の商品が存在します。**加工途中の商品は、仕掛品**といいます」

白鳥さん「仕掛品がある場合は、商品の製造原価の計算に何か影響がある

のですか？」

堀越先生「仕掛品がある場合は、完成した商品の製造原価を正確に計算するために、生産工程で発生した直接材料費、加工費を完成した商品と仕掛品に按分する必要があります。これ以降の説明では、完成した商品を、**完成品**と呼びます」

大川君　「加工途中の商品は仕掛品で、完成した商品は完成品ですね！」

白鳥さん「**どうして、完成品と仕掛品に按分するのですか？**」

堀越先生「直接材料は生産工程の最初に投入され、これが順次加工されていく場合、完成品1個と期末の仕掛品1個は同量、すなわち同額の直接材料を含んでいます。しかし、完成品は100%加工されているのに対し、仕掛品は加工途中なので100%未満の加工進捗率です」

白鳥さん「つまり、加工費の負担割合が完成品と仕掛品では異なるということですか？」

大川君　「先生、イメージが湧かないのですが…？」

堀越先生「いいでしょう。では、この図を見てください」

と言って、**図表3-3**を書きました。

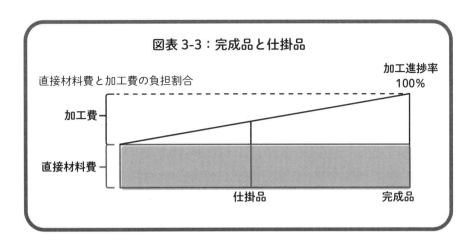

図表3-3：完成品と仕掛品

直接材料費と加工費の負担割合

加工進捗率 100%

加工費

直接材料費

仕掛品　　　完成品

第1部　商品1単位の原価と販売価格

白鳥さん 「仕掛品と完成品とでは、直接材料費は同額ですが、加工費は同額ではないのですね！」

大川君 「なるほど！では先生、**直接材料費と加工費を完成品と仕掛品に按分するにはどうすればいいのですか？**」

堀越先生 「では、例を示しましょう。ある月の生産データがこのようであったとします。直接材料は生産工程の最初に投入され、加工されていくものとします」

と言って、以下の表を書きました。

```
生産データ
1. 生産量
   完成品数量        1,000 個
   期末の仕掛品         200
   合　　計         1,200 個
2. 製造原価
   直接材料費        120 万円
   加　工　費         110
   合　　計         230 万円
```

堀越先生 「**図表3-3**が示すように、直接材料は生産工程の最初で投入されるので、仕掛品は完成品と同額の直接材料を含んでいます。したがって、直接材料費に関しては、商品1個と仕掛品1個は同額を負担するのが適切です」

大川君 「なるほど。では加工費はどうなりますか？」

堀越先生 「他方、仕掛品は完成品よりも加工割合が少ないので、少ない加工費しか掛かっていません。したがって、加工費に関しては、商品1個と仕掛品1個では負担割合を変える必要があります」

白鳥さん 「どのように変えるのですか？」

堀越先生 「仕掛品の**加工進捗率**は、直接材料が生産工程に投入された直

後はゼロですが、工程終了点では 100% です。その平均を**平均加工進捗率**といいます」

白鳥さん「そうすると、平均加工進捗率は大体 50% くらいということですか？」

堀越先生「そうですね、それが合理的ですね。仕掛品の平均加工進捗率が 50% である場合は、仕掛品 1 個は完成品半個分の加工費を負担するのが合理的です。したがって、仕掛品が 200 個の場合は、完成品 100 個に相当する加工費を按分するのが適切です」

白鳥さん「なるほど！」

堀越先生「仕掛品に按分する加工費の金額を計算する際には、仕掛品の実際数量に平均加工進捗率を乗じて完成品相当数量に換算します。この換算した数量を**完成品換算数量**といいます」

3. 按分計算例

大川君　「先ほどの生産データに基づいて、計算例を示してもらえませんか？」

堀越先生「いいですよ。完成品と仕掛品は同じ直接材料を含んでいるので、直接材料費 120 万円を完成品 1,000 個と仕掛品 200 個の比率で完成品と仕掛品に按分します」

白鳥さん「なるほど！」

大川君　「じゃぁ、加工費は？」

堀越先生「加工費 110 万円は完成品 1,000 個と仕掛品の完成品換算数量 100 個の比率で按分することになります。これが、その按分計算です」

と言って、以下の算式を書きました。

第 1 部　商品 1 単位の原価と販売価格

（直接材料費）

完成品分：
1,200,000 円 ÷（1,000 個 +200 個）× 1,000 個 =1,000,000 円

仕掛品分：
1,200,000 円 ÷（1,000 個 +200 個）× 200 個 =200,000 円

（加工費）

完成品分：
1,100,000 円 ÷（1,000 個 +100 個）× 1,000 個 =1,000,000 円

仕掛品分：
1,100,000 円 ÷（1,000 個 +100 個）× 100 個 =100,000 円

堀越先生「したがって、完成した商品 1,000 個と期末の仕掛品 200 個に按分される製造原価はこのようになります。完成した商品 1,000 個の製造原価合計は 200 万円なので、商品 1 個当たり 2,000 円になりますね」

と言って、以下の表を書きました。

	商品（1,000 個）	仕掛品（200 個）	合　計
直接材料費	1,000,000 円	200,000 円	1,200,000 円
加　工　費	1,000,000 円	100,000 円	1,100,000 円
製造原価合計	2,000,000 円	300,000 円	2,300,000 円

白鳥さん「仕掛品 200 個に按分された製造原価は 30 万円なので、1 個当たり 1,500 円になるのですね？」

大川君　「なるほど。仕掛品に按分された加工費が少ない分だけ、製造原価も低いのか？」

堀越先生「そのとおりよ」

白鳥さん「ところで先生、直接材料費と加工費を完成商品と仕掛品へ按分

する作業は、必ず行わなければならないのですか？」

堀越先生「そんなことはないわよ。期末の仕掛品がこのいずれかの状況
　　　　　にある場合は、完成した商品の製造原価への影響が無いか、あっ
　　　　　ても小さいので、当月の発生原価のすべてを完成した商品の原
　　　　　価とみなすことも不適切ではないわ」

と言って、以下をリストアップしました。

- 完成品に対する仕掛品の割合が恒常的にほぼ同じ割合で推移していて、かつ直接材料費および加工費の発生金額は年間を通して大きな変動がない

- 期末仕掛品の数量がごく僅か、例えば、完成品の１％未満などである

第１部　商品１単位の原価と販売価格

第4章
注文品の原価計算（個別原価計算）

　旭精密機械株式会社は、汎用品とともに、顧客の要望に基づいた注文品を生産しています。注文品は、商品の仕様によって使用する材料や部品、加工に従事する従業員の手間が異なります。言い換えれば、製造原価が注文品ごとに異なります。

　そして、注文品の生産に掛かる原価の見積もりに基づいて、顧客と交渉して販売価格を決めています。

白鳥さん 「先生、顧客の注文に応じて商品を製造する場合は、使用する直接材料や工員の作業時間に差が出ますね？」

大川君 「すると、採算が取れる顧客とそうでない顧客が出てきますよね？」

堀越先生 「注文品の場合は、顧客によって商品仕様が異なるから注文ごとに商品の製造原価を見積もって、これに基づいて顧客と販売価格を交渉するのよ」

白鳥さん 「すると、注文ごとに製造原価を計算するということですか？」

堀越先生 「そのとおりよ。商品の直接材料費や直接労務費、製造間接費を〝**作業ユニット**〟に集計し、集計した原価を当該作業ユニットの生産数量で除して、商品１単位当たりの原価を計算するのよ。これは**個別原価計算**と呼ばれているわ」

白鳥さん 「この場合も、直接材料費と直接労務費は消費量などで紐づけして各作業ユニットに集計し、製造間接費は配賦基準で各作業ユニットに配賦するのですよね？」

堀越先生 「そのとおりよ」

1. 製造原価の集計

白鳥さん「ところで先生、作業ユニットって何ですか？」

堀越先生「作業ユニットは、**作業指図書**で示された作業のことです。例えば作業指図書に「型式 A415、数値制御工作機械2台」と示された場合、型式 A415 の数値制御工作機械2台が作業ユニットになります」

大川君「どのようにして作業ユニットに原価を集計するのですか？」

堀越先生「各作業ユニットには、製造原価を集計する**「作業原価集計表」**が用意されます。掛かった直接材料費、直接労務費、製造間接費をこの表に集計します」

白鳥さん「作業原価集計表とは、どのようなものですか？」

堀越先生「作業原価集計表には作業指示番号、作業部署、作業内容、発行日、作業完了日、生産数量など、作業の指示内容が記載されています。**図表 4-1** は作業原価集計表の例です」

と言って、以下の図を書きました。

図表 4-1：作業原価集計表

作業指示書番号：2024-0001			発行日：2024 年 4 月 1 日					
作業部署：第 1 工場			作業完了日：2024 年 9 月 30 日					
作業内容：型式 A415 数値制御工作機械			生産台数：2 台					
直接材料費			直接労務費			製造間接費		
種類	数量	金額	作業	時間	金額	配賦基準	数量	金額
		×××××			×××××			×××××
		×××××			×××××			×××××
		×××××						×××××
合計		××××	合計		××××	合計		××××

第 1 部 商品 1 単位の原価と販売価格

2. 販売価格の
　　決定と修正

堀越先生「作業指示書番号 2024-0001 で指示された型式 A415 数値制御工作機械 2 台分の製造原価の見積金額が 1 台当たり 20 百万円だったと仮定します」

白鳥さん「この製造原価の見積金額に基づいて販売価格の交渉を顧客とするのですか？」

堀越先生「そうよ。この 1 台当たりの製造原価の見積金額 20 百万円に、1 台当たりの販売費や管理費、財務費用、そして期待利益を加算して例えば 1 台当たりの販売価格 30 百万円について顧客と交渉をするのよ」

白鳥さん「でも先生、実際の製造原価が見積金額どおりとは限らないですよね？」

堀越先生「作業指示書番号 2024-0001 の作業原価集計表に集計された実際の製造原価を 50 百万円と仮定すると、1 台当たりの製造原価は 25 百万円となります」

白鳥さん「1 台当たりの製造原価を 20 百万円と見積もって顧客と販売価格を交渉し、1 台当たり 30 百万円としたのに、実際の製造原価は 25 百万円掛かったということですよね？」

大川君「1 台で 5 百万円の儲けが減ったのだから、この数値制御装置の 2 台の生産で 10 百万円を儲け損ねたということですね？」

堀越先生「そうなるわね」

白鳥さん「その場合、会社はどうするのですか？」

大川君「販売価格の再交渉をするのですか？」

堀越先生「通常の場合、販売価格の再交渉は難しいわね？下手に再交渉を持ち出すと〝あの会社は原価の見積もりが甘い〟後で、販売価格の再交渉を持ち出される危険性がある〟と噂され、顧客の

信用を失うことになりかねないわ」

白鳥さん 「では、どうするのですか？」

大川君 「泣き寝入りですか？」

堀越先生 「泣き寝入りでは終わらないわよ。〝今回はしょうがない〟とあきらめるけれど、実際の製造原価が見積金額を上回った原因を分析し、次回の注文までにこの原因を解消する努力をするわよ、きっと！」

大川君 「次回の注文までにこの原因を完全には解消できない場合は、どうするのですか？」

白鳥さん 「その場合は、次回の注文の製造原価の見積額は、今回の見積金額よりも高くならざるを得ないですよね？」

堀越先生 「そうなるわね。その場合は、製造原価の見積金額が高くなる分を反映して販売価格の交渉をすることになるわね？」

大川君 「顧客は、販売価格の引上げに応じますかね？」

堀越先生 「もちろん簡単ではないわ。だから、これまで蓄えた技術で新機能を追加するなどして、顧客側のメリットをアピールして交渉材料に使うことになるでしょうね！」

3. 使用する業種

大川君 「個別原価計算は、どのような会社で使用されているのですか？」

堀越先生 「様々な会社が利用するわ。旭精密機械株式会社のように顧客の注文に応じて商品を生産する会社はもちろん、商品の特性が異なる様々な種類の汎用品を交互に生産するファッション・メーカーなどでも使われているわ」

白鳥さん 「商品の特性が異なるという点ではビルの建設も同じですよね？

　　　　　個別原価計算はビルを建設する会社などでも使用されているの
　　　　　ですか？」

堀越先生　「そのとおりよ。個別原価計算は建設業、造船業、航空機製造業、
　　　　　コンピュータのソフトウエア製造業など、1点ものを生産する
　　　　　会社でも使用されています」

大川君　　「製造業だけですか？サービス業では使われないのですか？」

堀越先生　「使われますよ。サービスの内容が顧客によって異なる病院、法
　　　　　律事務所、会計事務所、映画スタジオ、リフォーム業者などの
　　　　　サービス業でも使用されています」

第5章

無駄な原価の削減と
原価差異分析（標準原価計算）

　商品の販売価格が市場で決定される会社のみならず、総原価に期待利益を上乗せして販売価格を決定する会社の場合でも、生産過程での無駄を発見して排除することで、より多くの利益を獲得できる可能性があります。

白鳥さん　「先生、注文品の個別原価計算の箇所で、実際の製造原価が見積金額を上回るケースを取り上げました。なぜこのような事態が起こるのでしょうか？」

大川君　　「そりゃ、生産会社だから、完成した商品の誕生に結び付かない直接材料費や直接労務費があったということじゃないのかな？」

堀越先生　「製造間接費が予算金額よりも掛かったという場合もあるけれど、多くは完成した商品に結び付かなかった直接材料費や直接労務費が多かった、つまり無駄があったということでしょうね？」

白鳥さん　「完成した商品に結び付かなかった直接材料費や直接労務費って、何ですか？」

大川君　　「加工途中で仕掛品を壊したり、作業に失敗して商品を作り直したりして、直接材料費や直接労務費を無駄にしたということじゃないの？」

堀越先生　「そうね、そんなところに原因があることが多いわね。とはいっても、商品の生産に作業屑や仕損品、あるいは手待時間などが発生することは避けられません。だから、どこまでが必要不可欠で、どこからが無駄なのかを判別する必要があります」

第１部　商品１単位の原価と販売価格

白鳥さん「無駄を判別するには、どのような方法があるのですか？」

1. 標準原価計算

堀越先生「無駄を発見する方法の１つに、実際の製造原価と目標とする
　　　　　製造原価を比較して、実際の製造原価が上回る部分の金額を把
　　　　　握する**標準原価計算**があります」

白鳥さん「標準原価計算ですか？」

大川君　「それはどんな原価計算ですか？」

堀越先生「標準原価計算は、ある生産量に期待される**目標製造原価**を計
　　　　　算する原価計算です。この目標製造原価を〝**標準原価**〟といい
　　　　　ます」

白鳥さん「ある生産量での標準原価は、どのように計算するのですか？」

堀越先生「**商品１単位当たりの標準原価に実際の生産量を乗じたものが、**
　　　　　実際の生産量に対応する標準原価になります。標準原価と商品
　　　　　１単位当たりの標準原価を区別するために、後者を〝**原価標準**〟
　　　　　と呼ぶこともあります」

大川君　「**標準原価計算は何のために行うのですか？**」

堀越先生「実際の生産量に対応する標準原価と、実際の製造原価とを比
　　　　　較し、その差額を把握することができます。この差額を**原価差**
　　　　　異といいます。**実際の製造原価が標準原価を下回る場合は〝有**
　　　　　利な原価差異〟、**上回る場合は〝不利な原価差異**〟と呼びます」

白鳥さん「**原価差異を把握する目的は何ですか？**」

堀越先生「原価差異がある場合は、その原因を追求します。有利な原価
　　　　　差異の原因が把握できたら、それを他の生産部門でも導入でき
　　　　　る可能性を探り、他の生産部門の原価削減や作業効率の改善に
　　　　　つなげます。不利な原価差異の原因が判明したら、その原因を

除去する措置を講じ、再発を防止します」

大川君　「なるほど！」

白鳥さん「実際の製造原価と標準原価の比較は、どれくらいの頻度で実施するのですか？」

堀越先生「比較の頻度は、比較のための作業量と得られる効果を比較検討して決定します。例えば１か月単位で行えば、毎月、作業が必要になりますが、今月の無駄を翌月には解消できる可能性があります」

白鳥さん、大川君「なるほど、納得です」

2. 原価標準の設定

白鳥さん「原価差異を把握するもとになる標準原価は、原価標準に実際の生産量を乗じて計算するということですが、**原価標準はどのようにして設定するのですか？**」

堀越先生「事業年度が始まる前に、過去の経験や科学的・統計的な分析に基づいて設定します」

大川君　「生産している商品が複数ある場合はどうするのですか？」

堀越先生「複数の商品がある場合は、商品ごとに複数の原価標準を作ります」

白鳥さん「実際の製造原価は直接材料費、直接労務費、製造間接費に区分しますが、原価標準もこれに対応して設定するのですか？」

堀越先生「そうです。原価標準は、商品の生産活動に使用する直接材料費、直接労務費、製造間接費の**変動費部分**に対して、**価格と投入数量**について設定します」

白鳥さん「価格と投入数量についてですか？」

大川君　「それはどのようなものですか？」

第１部　商品１単位の原価と販売価格

堀越先生「価格の標準は、投入量１単位に対して支払う金額として定め
　　　　　ます。投入数量の標準は、商品を生産するために使用する数量
　　　　　として定めます」

白鳥さん「どうして価格と投入数量の両方について設定するのですか？」

堀越先生「価格と数量の両方について標準を定めることによって、原価
　　　　　差異の原因を**価格要素**と**数量要素**に分けて分析できるようにな
　　　　　るのです」

白鳥さん、大川君「なるほど！」

大川君　「原価標準の設定について、具体例で教えてください」

堀越先生「分かりました。では商品 A について、直接材料費の原価標準
　　　　　から始めましょう」

大川君、白鳥さん「はい、お願いします！」

堀越先生「直接材料費の原価標準は、使用する直接材料の価格と使用数
　　　　　量について定めます」

大川君　**「価格の標準はどのように定めるのですか？」**

堀越先生「価格の標準は、直接材料１単位を購入するのに支払う価格、例
　　　　　えば、１kg 当たり 400 円などと定めます」

白鳥さん「なるほど。では、**数量の標準はどう定めるのですか？**」

堀越先生「数量の標準は、商品１単位を生産するのに使用すべき直接材
　　　　　料の量、例えば、商品１単位当たり３kg などと定めます。この
　　　　　量は、通常見込まれる作業屑や仕損品を含んだものです」

白鳥さん、大川君「分かりました、了解です」

大川君　「では、**直接労務費の原価標準は、どのように定めるのですか？**」

堀越先生「直接労務費の原価標準は、作業員の**賃率**と**作業時間**について
　　　　　定めます」

大川君　**「賃率の標準はどのように定めますか？」**

堀越先生「賃率の標準は、直接作業１時間当たりの賃率、例えば、１時
　　　　　間当たり 2,200 円などど定めます。直接作業に従事する作業員

が複数いる場合は、作業員ごとに定める方法と、複数作業員の平均賃率を定める方法があります」

白鳥さん「なるほど。では、作業時間の標準はどうですか？」

堀越先生「作業時間の標準は、商品1単位を生産するのに掛かる直接作業時間、例えば、商品1単位当たり0.5時間などと定めます」

白鳥さん「なるほど。了解です」

大川君「3つ目の**製造間接費の変動費部分**の原価標準は、どのように定めますか？」

堀越先生「製造間接費の変動費部分は、略して**変動製造間接費**と呼ばれます。ここでも変動製造間接費の言葉を使います。変動製造間接費の標準は、**配賦率**と**配賦基準**について定めます。」

大川君「了解です」

白鳥さん「ところで、**配賦率の標準**はどのように定めるのですか？」

堀越先生「変動製造間接費の配賦率の標準は、例えば、1時間当たり200円などと定めます」

大川君「**配賦基準の標準は、どうですか？**」

堀越先生「配賦基準の標準は商品1単位を生産するのに必要な時間、例えば、商品1単位当たり直接作業0.5時間などと定めます」

白鳥さん「なるほど。でも変動製造間接費の配賦率は、直接材料などに比べて少ない金額になりますよね？」

大川君「どうしてですか？」

堀越先生「製造間接費には間接材料費、間接労務費、間接経費が含まれます。そのうち商品の生産量に比例して変動する変動製造間接は、間接材料に含まれる補助材料や機械を運転するための燃料代、電力料などに限られるます」

大川君「なるほど、もともとの変動製造間接費が少ないんだ！だから、配賦率の標準も少ない金額なんだ。納得です！」

堀越先生「設定したこれらの原価標準は、**原価標準カード**にまとめられ

第1部 商品1単位の原価と販売価格

ます」

白鳥さん 「原価標準カードですか？」

大川君 「どのようなカードですか？」

堀越先生 「これが商品 A の原価標準カードの例です」

と言って、以下の**図表 5-1** を書きました。

図表 5-1：原価標準カードの例

商品 A の原価標準

	標準価格もしくは 標準賃率	標準数量もしくは 標準時間	原価標準
直接材料費	400 円 / kg	3 kg	1,200 円
直接労務費	2,200 円 / 時間	0.5 時間	1,100 円
変動製造間接費	200 円 / 時間	0.5 時間	100 円
原価標準合計			2,400 円

白鳥さん 「このカードはどのように使うのですか？」

堀越先生 「このカードに表示された直接材料費、直接労務費、変動製造間接費に実際の生産量を乗じると、実際の生産量の標準原価が計算できます」

大川君 「なるほど！」

白鳥さん 「この標準原価と実際の製造原価を比較すると、その差額である**原価差異**を把握することができるということですね？」

堀越先生 「そのとおりよ。この原価差異の原因を追求することによって、不利差異の原因を除去したり、有利差異の原因を他の作業で転用したりすることができるのです」

大川君 「なるほど。先生、この原価カードの情報を使って、原価差異の把握について説明してもらえませんか？」

白鳥さん「そうですね。ぜひお願いします、先生！」

堀越先生「いいわよ」

3. 原価差異の把握

堀越先生「ある月の実際の生産数量と実際の製造原価は以下のようであったと仮定します。ここでは、実際の製造原価と標準原価との対比を容易にするために、実際の製造原価のことを実際原価と呼ぶことにします」

と言って、**図表 5-2** を書きました。

図表 5-2：生産数量と実際原価

商品生産数量　　　　2,000 個
実際原価
直接材料費　　2,535,000 円（価格 390 円×数量 6,500kg）
直接労務費　　2,205,000 円（賃率 2,100 円× 1,050 時間）
変動製造間接費　210,000 円（配賦率 200 円×配賦基準 1,050 時間）

大川君、白鳥さん「これによると、この月の商品生産数量は 2,000 個なのですね」

堀越先生「そうよ。**図表 5-1** の原価標準カードに示された原価標準にこの生産数量 2,000 個を乗じると、商品生産数量 2,000 個に対応する標準原価を計算することができるわ。つまりこうね」

と言って、以下の算式を書きました。

直接材料費の標準原価 ＝
（1 単位当たり）1,200 円 × 2,000 個 ＝2,400,000 円

第 1 部　商品 1 単位の原価と販売価格

直接労務費の標準原価 ＝
（1 単位当たり）1,100 円 × 2,000 個 ＝2,200,000 円

変動製造間接費の標準原価 ＝
（1 単位当たり）100 円 × 2,000 個 ＝ 200,000 円

大川君　「この標準原価と**図表 5-2** の実際原価の差額が原価差異ですね？」

堀越先生「そうよ。それを比較のために一覧にしたのがこれよ」

と言って、**図表 5-3** を書きました。

図表 5-3：原価差異の把握（単位：円）

	実際原価	標準原価	原価差異
直接材料費	2,535,000	2,400,000	135,000
直接労務費	2,205,000	2,200,000	5,000
変動製造間接費	210,000	200,000	10,000
合　　計	4,950,000	4,800,000	150,000

大川君　「おぉ、ついに原価差異が出た〜！」

堀越先生「この原価差異を知るだけでも十分に意味がありますが、これ
　　　　を価格に基づく差異と数量に基づく差異とに分解します。前者
　　　　は**価格差異**、後者は**数量差異**と呼びます」

大川君　「**どうして価格差異と数量差異に分解するのですか？**」

堀越先生「2 つに分解するのは、多くの原価差異は複数の原因から生じ
　　　　ている可能性があり、ほとんどの場合において原価要素の購入
　　　　と使用は異なるマネジャーが責任を有しているためです」

大川君　「どういうことですか？」

白鳥さん「具体例で教えてください」

堀越先生「例えば直接材料に関しては、購入価格については購買担当の
　　　　マネジャーが、直接材料の使用数量については生産担当マネ
　　　　ジャーが責任を有しているのが一般的です」

大川君　「なるほど！」

堀越先生「直接材料の価格差異と数量差異の金額が明らかになれば、購買担当と生産担当のマネジャーはそれぞれの原因を追求し、差異を解消するための有効な対策を講じることができるようになります」

大川君　「なるほど！」

4. 原価差異の分析モデル

白鳥さん「**価格差異と数量差異は、どのように計算するのですか？**」

堀越先生「原価差異の分析で使用するモデルでは、価格差異は実際価格と標準価格の差額に実際数量を乗じたものです。数量差異は実際数量と標準数量の差異に標準価格を乗じたものです。算式にすると、こうなります」

と言って、以下の算式を書きました。

価格差異 ＝（実際価格 − 標準価格）× 実際数量
数量差異 ＝（実際数量 − 標準数量）× 標準価格

大川君　「このモデルは、直接材料費、直接労務費、変動製造間接費のすべての原価差異分析に使用できるのですか？」

堀越先生「もちろん、そうです。価格差異には、直接材料費の価格差異、直接労務費の賃率差異、変動製造間接費の配賦率差異が含まれます。そして数量差異には、直接材料費の数量差異、直接労務費の作業時間差異、変動製造間接費の配賦基準差異が含まれます。つまり、こういうことね」

と言って、以下の表を書きました。

第1部　商品1単位の原価と販売価格

	（価格差異）	（数量差異）
直接材料費	価格差異	数量差異
直接労務費	賃率差異	作業時間差異
変動製造間接費	配賦率差異	配賦基準差異

白鳥さん「ところで先生、このモデルで計算された価格差異もしくは数量差異と**有利差異、不利差異**の関係はどうなりますか？」

堀越先生「このモデルは、実際の価格もしくは数量から標準の価格もしくは数量を差し引く算式です」

大川君「そうですね」

堀越先生「そのため、実際が標準より多くて数字がプラスになる場合は不利な差異を、実際が標準より少なくてマイナスになる場合は有利な差異を示すことになります。価格差異でも数量差異でも同じです」

白鳥さん、大川君「なるほど。納得です！」

大川君「これで、原価差異を価格差異と数量差異に分解できるのですね！」

白鳥さん「すると、**実際原価から価格差異と数量差異を引いたのが標準原価と言うことになりますか？**」

堀越先生「そうよ。実際原価、価格差異と数量差異、そして標準原価の関係を一覧図にするとこうなるわ」

と言って、**図表 5-4** を書きました。

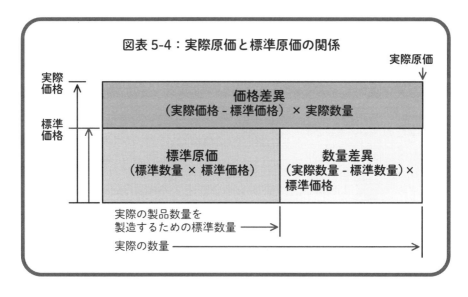

図表 5-4：実際原価と標準原価の関係

5. 分析事例

堀越先生「では次に、この分析モデルを使用して、**図表 5-3** の直接材料費、直接労務費、変動製造間接費の原価差異を価格差異と数量差異に分解してみましょうか！」

白鳥さん「ぜひ、お願いします！」

大川君「そうそう、見てみたいです」

堀越先生「まず直接材料費の原価差異 135,000 円です。これを価格差異と数量差異に分解しましょう」

白鳥さん「**図表 5-1** の原価標準カードによると、材料の標準価格は 1 kg 当たり 400 円、標準数量は商品 1 個当たり 3 kg、商品 2,000 個では 6,000kgになります」

大川君「**図表 5-2** によると、直接材料の実際価格は 1 kg 当たり 390 円、実際数量は 6,500kgです」

堀越先生「モデルの算式にこれらの情報を当てはめると、このようになるわね」

第1部　商品1単位の原価と販売価格

と言って、次の算式を書きました。

価格差異 ＝
（実際価格 390 円 − 標準価格 400 円）× 実際数量 6,500kg　＝ −65,000 円

数量差異 ＝
（実際数量 6,500kg − 標準数量 6,000kg）× 標準価格 400 円 ＝ 200,000 円

白鳥さん　「実際価格 390 円は標準価格 400 円より 10 円安かったから、価格差異はマイナス 65,000 円ね。これは有利差異ね！」

大川君　　「実際数量 6,500kg は標準数量 6,000kg より 500kg 多かったから、数量差異はプラス 200,000 円だ。これは不利差異ですね！」

堀越先生　「そうですね。これで、**図表 5-3** の直接材料費の原価差異 135,000 円は、有利な価格差異 65,000 円と不利な数量差異 200,000 円から発生していることが分かったわね」

堀越先生　「では同じ要領で、直接労務費の原価差異 5,000 円を分解してみましょうか？」

白鳥さん　「**図表 5-1** の原価標準カードによると、標準賃率は 1 時間当たり 2,200 円、作業時間の標準は商品 1 個当たり直接作業 0.5 時間で、商品 2,000 個では 1,000 直接作業時間になります」

大川君　　「**図表 5-2** によると、実際賃率は 1 時間当たり 2,100 円、実際直接作業時間は 1,050 時間です」

堀越先生　「モデルの算式にこれらの情報を当てはめると、このようになるわね」

と言って、以下の算式を書きました。

賃率差異 ＝
（実際賃率 2,100 円 − 標準賃率 2,200 円）× 実際時間 1,050 ＝ −105,000 円

時間差異 ＝
（実際時間 1,050 − 標準時間 1,000）× 標準賃率 2,200 円 ＝ 110,000 円

白鳥さん「実際賃率 2,100 円は標準賃率 2,200 円より 100 円安かったから、賃率差異はマイナス 105,000 円です。これは有利差異ね！」

大川君「実際直接作業時間 1,050 は標準時間 1,000 より 50 時間多かったから、時間差異はプラス 110,000 円だ。これは不利差異だね」

堀越先生「そうですね。これで、**図表 5-3** の直接労務費の原価差異 5,000 円は、有利な賃率差異 105,000 円と不利な時間差異 110,000 円から発生していることが分かったわね」

堀越先生「じゃ最後は、変動製造間接費の原価差異 10,000 円の分解ね」

白鳥さん「**図表 5-1** の原価標準カードによると、配賦率は 1 時間当たり 200 円、配賦基準の標準は商品 1 個当たり直接作業 0.5 時間で、商品 2,000 個では 1,000 時間になります」

大川君「**図表 5-2** によると、実際の配賦率は 1 時間当たり 200 円、実際の配賦基準は直接作業 1,050 時間です」

堀越先生「モデルの算式にこの情報を当てはめると、以下のようになるわね」と言って、以下の算式を書きました。

配賦率差異 =
（実際配賦率 200 円 – 標準配賦率 200 円）× 実際時間 1,050＝ 0 円

配賦基準差異 =
（実際時間 1,050 – 標準時間 1,000）× 標準配賦率 200 円 ＝10,000 円

白鳥さん「実際配賦率 200 円は標準配賦率 200 円と同じだったから、配賦率差異はゼロね！」

大川君「実際時間 1,050 は標準時間 1,000 より 50 時間多かったから、配賦基準差異はプラス 10,000 円だ。これは不利差異だ」

堀越先生「これで、**図表 5-3** の変動製造間接費の原価差異 10,000 円は、不利な配賦基準差異 10,000 円から発生していることが分かったわね」

第 1 部　商品 1 単位の原価と販売価格

白鳥さん「これで、原価差異の分解は完了ですね」

堀越先生「価格差異と数量差異を有利差異と不利差異に区分するとこの
　　　　　ようになるわね」

と言って、**図表 5-5** を書きました。

図表 5-5

		有利差異	不利差異	原価差異
直接材料費	価格差異	-65,000 円		1,350,000
	数量差異		200,000 円	
直接労務費	賃率差異	-105,000 円		5,000
	作業時間差異		110,000 円	
変動製造間接費	配賦率差異			10,000
	配賦基準差異		10,000 円	
合計		-170,000 円	320,000 円	150,000

6. 差異の原因追求

堀越先生「原価差異が価格差異と数量差異に分解されたら、その原因を
　　　　　追求します」

大川君　「その目的は何ですか？」

堀越先生「すでに何度か取り上げましたが、**不利差異の原因を把握して、
　　　　　それを除去するための対策を講じる**ためです」

白鳥さん「有利差異の場合は、その原因を他の生産工程や作業ユニットに
　　　　　も導入し、そこでの原価削減や作業効率を改善するのでしたね！」

大川君　「ああ〜、思い出した。ところで、不利差異の原因には、どの
　　　　　ようなものがあるのですか？」

堀越先生「不利差異の原因には様々なものがありますが、直接材料費に
　　　　　関してはこのようなものがあります」

と言って、以下をリストアップしました。

- 少量の注文、急ぎの注文、代替用の高品質材料の注文等で、予定よりも高い価格を支払ったために価格差異が不利になった
- 未熟練者が作業に従事して材料を無駄にした、品質の劣る材料を購入したために使用量が増えた、機械の不良や監督不行き届きで不良品が多量に発生した等により、予定よりも多くの材料を消費したために数量差異が不利になった

白鳥さん「直接労務費に関しては、どうですか？」
堀越先生「直接労務費の不利差異の原因には、このようなものがあります」
と言って、以下をリストアップしました。

- 予定した工員が病気で欠勤したために賃率の高い工員を従事させた、超過勤務が続き残業手当を支払った等により、予定よりも賃金の支払額が増えたために賃率差異が不利になった
- 作業に従事した工員のモチベーションが低かった、機械の故障で作業が中断して待ち時間が増えた、若い工員の監督が不十分で作業に時間が掛かった等により、予定よりも長い作業時間を要したために時間差異が不利になった

大川君「なるほど。各マネジャーはこれらの原因を除去する対策を講じるのですね？」
堀越先生「そう、これから先が〝各マネジャーの腕の見せ所〟ということね！」

第1部　商品1単位の原価と販売価格

（付属解説）

材料の価格差異の計算時点

　本文で取り上げた直接材料費の差異分析では、直接材料の使用量に対して価格差異を計算しています。しかし実務では、材料の購入時に購入数量に対して価格差異を計算するのが一般的です。

　価格差異を購入時に計算するのは、材料の消費時点まで待たずに早期に価格差異を認識し、不利差異に対して早急に対策を講じることができる利点があるからです。

　また、購入時に価格差異を計算すると、その後の直接材料の入出庫の記録を標準価格で行えるので、記録が簡単になるメリットもあります。

　直接材料の実際の購入金額、購入量に対する価格差異と数量差異および手持在庫金額の関係は**図表 5-6** のようになります。

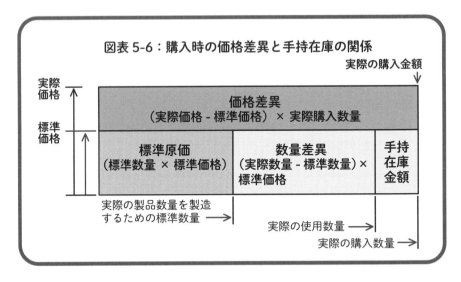

図表 5-6：購入時の価格差異と手持在庫の関係

第2部

利益計画
と管理

いくら売れば
いいのかな〜
に応える

第6章

CVP 分析
（損益分岐点分析）

　第1章〜第5章では商品の製造原価について取り上げました。商品は販売すると売上高になります。他方、販売した商品の製造原価あるいは仕入原価は売上原価になり、売上高との差額が売上総利益になります。

　さらに営業部員の人件費などの販売費および管理費、支払利息などの財務費用を控除すると利益になります。

　本章では**販売数量と費用および利益の関係**について取り上げます。

　堀越めぐみ執行役兼経営企画部長は、**若葉みどり**営業課長、**沢端英夫**営業主任、**西野美織**営業課員と、旭精密機械株式会社の今期の目標利益3億5,000万円を獲得するための商品販売数量を把握するために、**販売数量と費用および利益の関係**について議論をしています。

若葉みどり　　沢端英夫　　西野美織

堀越執行役　「いまさら言うまでもありませんが、**売上高から費用を控除したものが利益**です。ですから、目標利益を確実に獲得するには、販売数量の増減にともなって、売上高だけでなく、どの費用がどれだけ増減するのかを知ることが大切です」

西野営業課員「えっ…どうしてですか？」

堀越執行役　「売上原価、販売費および管理費、財務費用をまとめて**費用**と呼びます」

西野さん　「私も、それくらい知っています」

堀越執行役　「この費用の中には①販売数量が増減少すると、それに比例して増加したり減少するものと、②販売数量の増減にかかわらず一定金額が発生するものがあります。したがって、販売数量の変化が費用の増減に与える影響を分析するためには、最初にすべての費用をこの2つに区分しなければなりません」

1. 変動費と固定費

若葉営業課長「販売数量に応じて増減するのが**変動費**、販売数量が増減しても変動しないで、毎期、一定額が発生するものが**固定費**ですね！」

沢端主任　「僕も言葉は知っているけれど、具体的な中身については自信がないなぁ〜」

西野さん　「私は、変動費と固定費のイメージが湧かないのですが…？」

堀越執行役「いいでしょう。では、変動費と固定費を図で示してみましょう。これが変動費のイメージです」

と言って、以下の図を書きました。

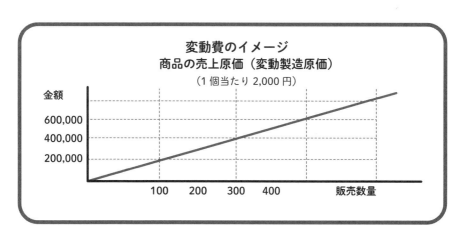

変動費のイメージ
商品の売上原価（変動製造原価）
（1個当たり 2,000 円）

金額
600,000
400,000
200,000

100　200　300　400　　　販売数量

第2部　利益計画と管理

沢端主任　「なるほど、販売数量の増加に比例して増えていくのか！ところで、変動費にはどんなものがあるですか？」

堀越執行役「生産会社の場合、変動費には商品の売上原価に含まれる**変動製造原価**、商品の**販売手数料**などがあります」

若葉課長　「**変動製造原価**と言うのは何ですか？」

堀越執行役「商品の製造原価のうち、生産量に応じて増減するものです。**直接材料費、直接労務費、変動製造間接費**の３つがあります」

沢端主任　「生産量に応じて変動するということは、販売数量に応じても変動するということですか？」

堀越執行役「そういうことですね！」

西野さん　「なるほど。ところで、**変動製造間接費**って何ですか？」

堀越執行役「変動製造間接費は、製造間接費のうち生産量に応じて増減するもので、間接材料費に分類される補助材料費や燃料代などがあります」

堀越執行役「そして、これが固定費のイメージです」

と言って、以下の図を書きました。

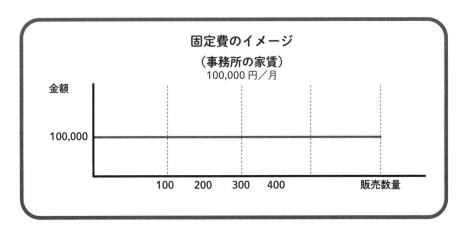

沢端主任　「固定費は販売数量が増えても変わらないんだ！固定費にはどんなものがあるのですか？」

堀越執行役　「固定費には、**固定製造間接費、営業部員や管理部員の支払給料、旅費交通費、接待交際費、販売および管理施設の減価償却費、広告宣伝費、事務所家賃**、などがあります」

沢端主任　「固定製造間接費は、商品の生産量が増減しても、それによって変動せずに、毎期、一定額が発生する製造間接費ですね？」

堀越執行役　「そのとおりよ。例としては、工場建物や機械装置の維持修理費や減価償却費などがあります」

沢端主任　「了解です！」

沢端主任　「でも、商品を預けている倉庫の保管料や出荷手数料などのように、販売数量にかかわらず一定金額が発生する部分と、販売数量の増減に比例して発生する部分の両方を併せ持った費用もありますよね？」

若葉課長　「そうね、あるわよね！」

西野さん　「うん、あるある」

堀越執行役　「これらの費用は変動費と固定費の両方の性質を持つものですね。一般的には**ミックス費**と呼ばれています」

若葉課長　「固定費部分は、サービスを受ける準備をするために必要なコストに対応するもので、**基本料金**などと呼ばれていますね。変動費部分は、物品やサービスの実際の消費に掛かるコストに対応するもので、**使用料**などと呼ばれるものですね」

沢端主任　「ミックス費は、固定費と変動費のどちらに分けるのですか？」

堀越執行役　「その費用の性質に応じて変動費もしくは固定費に分類したり、ミックス費用を変動費部分と固定費部分に分解したりします」

西野さん　「ミックス費用を変動費部分と固定費部分に分解するといっても、イメージが湧かないわ〜」

堀越執行役　「この図は、基本料金30,000円と出荷商品1個当たり100円の定めがある〝商品の保管および出荷手数料〟を、固定費部

第2部　利益計画と管理

分と変動費部分に分解したイメージ図です」
と言って、以下の図を書きました。

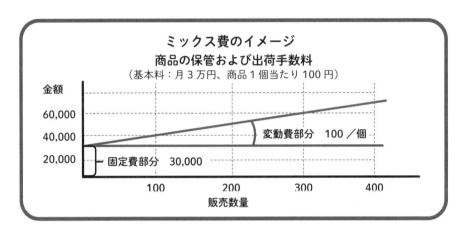

西野さん　「これなら分かりやすいで〜す」

若葉課長　「これの固定費部分は固定費に、変動費部分は変動費に区分するのですね」

堀越執行役「そのとおりよ」

若葉課長　「これですべての費用は変動費と固定費に分かれたことになりますね」

沢端主任　「いよいよ、販売数量と費用、そして利益の議論のスタートですね？」

2. 販売数量と費用および利益の関係

堀越執行役「そうね、いよいよスタートね！これからの議論を簡単にするために、この仮定を置きます」

と言って、以下をリストアップしました。

- 販売数量が増えても販売単価は変化しない、すなわち、販売数量が増えるのに比例して売上高は増える
- 費用の発生は直線的で、販売数量に比例して増減する変動費と販売数量に関係なく一定額発生する固定費に区分できる
- 販売数量が増えても販売数量1個当たりの変動費は変化しない
- 販売数量が一定範囲内にある間、固定費の金額は変化しない
- 複数の商品を扱う場合、総販売数量に占める各商品の数量割合は変化しない

一同「了解です」

堀越執行役「すでに話したように、**売上高から費用を控除したものが利益**になります。費用は変動費と固定費に分けることができます。そして、**売上高から変動費を控除したものを貢献利益**と呼びます。さらに、**貢献利益から固定費を控除したものが利益**になります。これを算式で示すとこのようになります」

と言って、以下の算式を書きました。

売上高 − 変動費 = 貢献利益
貢献利益 − 固定費 = 利益

若葉課長「この算式からすると、**貢献利益は固定費をカバーする原資**になるのですね」

沢端主任「固定費をすべてカバーした後に残っている貢献利益が利益に

第2部　利益計画と管理

なるのですね。つまり、**貢献利益が多いほど利益の額も多くなる**」

西野さん 「逆に、**貢献利益の額が固定費よりも少ない場合は、利益はマイナス、すなわち損失になる**ということですね？」

堀越執行役「そのとおりよ。みんな、よく理解してくれたわね。これが販売数量と費用そして利益の関係を理解する基本になるのだから、忘れないでくださいね！」

一同 「了解です」

堀越執行役「では、この表を見てください。この**図表 6-1** は販売数量と貢献利益および利益の関係を示しています。この表は、我社が取り扱っているの商品の平均的な売上高と費用を基に作ってあります」

と言って、**図表 6-1** をプロジェクターで投影しました。

図表 6-1：販売数量、貢献利益と利益の関係（単位：万円）

販売数量	0 台	1 台	2 台	3 台
売上高	0	250	500	750
変動費	0	(150)	(300)	(450)
貢献利益	0	100	200	300
固定費	(40,000)	(40,000)	(40,000)	(40,000)
利益（損失）	(40,000)	(39,900)	(39,800)	(39,700)

若葉課長 「これはどう見るのですか？」
沢端主任 「初めて見る表ですね」
西野さん 「私も初めてで〜す！」
堀越執行役「この表では、商品の販売価格は 1 台当たり 250 万円、変動費は 1 台当たり 150 万円、したがって商品 1 台当たりの貢献利益は販売価格 250 万円から変動費 150 万円を控除した 100

万円になります。また固定費の合計は販売数量にかかわらず、常に 40,000 万円です」

西野さん　「括弧書きの数字は何ですか？」

堀越執行役「変動費と固定費は括弧書きになっていますが、これは控除する数字であることを示しています」

西野さん　「了解です」

沢端主任　「この表でみると、販売数量が増えると貢献利益も増えていきますね！」

若葉課長　「販売数量が 1 台増えるごとに貢献利益も 100 万円ずつ増えていき、固定費を回収していますね」

西野さん　「それに伴って利益のマイナス、つまり損失の額も減少していきますね！」

堀越執行役「そうね。よく気づいたわね。では次に、この表を見てちょうだい」

と言って**図表 6-2**を投影しました。

図表 6-2：損益分岐点以降の販売数量と利益 （単位：万円）

販売数量	399 台	400 台	401 台	402 台	⋯	450 台
売上高	99,750	100,000	100,250	100,500	⋯	112,500
変動費	59,850	60,000	60,150	60,300	⋯	67,500
貢献利益	39,900	40,000	40,100	40,200	⋯	45,000
固定費	(40,000)	(40,000)	(40,000)	(40,000)	⋯	(40,000)
利益（損失）	(100)	0	100	200	⋯	5,000

若葉課長　「販売数量が 400 台のところで貢献利益は固定費と同額の 40,000 万円になり、利益の額はプラス／マイナス・ゼロになっていますね！」

堀越執行役「この利益の額がプラス／マイナス・ゼロになる点を**損益分岐点**といいます。損益分岐点を超えると、超えた販売数量 1 台

第 2 部　利益計画と管理

ごとに 100 万円の利益が計上されます」

沢端主任 「販売数量が 450 台の場合は、損益分岐点の販売数量 400 台を
50 台超えているので、利益は 50 台× 100 万円で 5,000 万円に
なるのですね！」

西野さん 「私には、ものすごい発見です。感激です！」

堀越執行役「この 2 つの表で見たように、利益の額はこの算式で表すこと
ができます」

と言って、以下の算式を書きました。

1 台当たり貢献利益×販売数量 − 固定費 ＝ 利益

堀越執行役「そしてこの算式で表した販売数量、貢献利益、固定費、利益
の関係は図で表すこともできます」

沢端主任 「えっ、図で表すことができるのですか？」

西野さん 「？？？」

堀越執行役「そう、まずこの図ですね」

と言って、**図表 6-3** を投影しました。

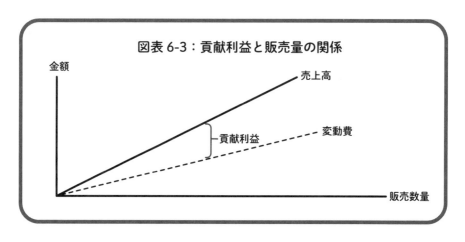

若葉課長　「これは販売数量と売上高と変動費、その差額の貢献利益の関係を表したものですね！」

西野さん　「**図表 6-1** と **6-2** で見た、売上高から変動費を控除したものが貢献利益になるという関係ですね？」

沢端主任　「実線と点線の縦の幅が貢献利益を表している。販売数量が増えると貢献利益は 1 台当たり 100 万円ずつ増えるから、縦の幅も大きくなっていくのですね！」

堀越執行役「そう、そのとおりよ。みんなすごい理解力ね！では、次に、**図表 6-3** に固定費を加えますよ」

沢端主任　「どうなるのかな？」

西野さん　「楽しみだな～」

堀越執行役「固定費は販売量に関係なく 40,000 万円です。販売量がゼロでも 40,000 万円発生します。そこで、金額を示す縦軸の 40,000 万円の点から変動費を示す点線に平行に線を引くと、変動費と固定費の合計である費用合計の太い実線を引くことができます。これを示したのがこの図です」

と言って、**図表 6-4** を投影しました。

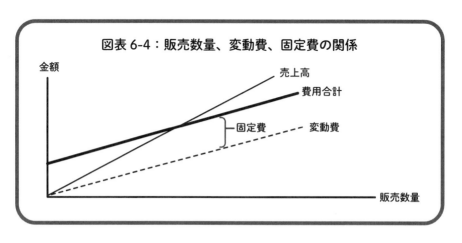

図表 6-4：販売数量、変動費、固定費の関係

第 2 部　利益計画と管理

若葉課長　「費用合計を示す太い実線と変動費を示す点線の縦の幅は固定費の金額を示しているのですね」

沢端主任　「固定費は販売数量に関係なく一定額なので、太い実線と点線の縦の幅はどの販売数量でも同じなのですね」

西野さん　「すごい、まるで手品を見ているようです！」

堀越執行役「いよいよ、ここからが本番ですよ。今度は**図表 6-4** の読み方に取り掛かります」

一同　　　「了解です！」

堀越執行役「**図表 6-3** で見たように、売上高を示す細い線と変動費を示す点線の縦の幅が貢献利益です。これを**図表 6-4** に反映すると、このようになります」

と言って、**図表 6-5** を投影しました。

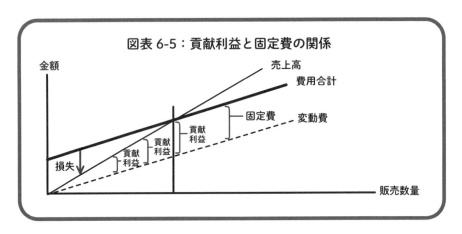

図表 6-5：貢献利益と固定費の関係

若葉課長　「販売数量が増えるにしたがって、貢献利益を表す細い実線と点線の縦の幅が大きくなっていき、売上高を示す細い実線と費用合計を示す太い実線との縦の幅は小さくなりますね」

沢端主任　「細い実線と太い実線との縦の幅は損失の大きさを表している

のですね！」

西野さん　「販売数量が 400 台のところで、細い実線と太い実線が交わっ
　　　　　　ています。ここで、細い実線と太い実線との縦の幅が無くなっ
　　　　　　ています」

堀越執行役「細い実線と太い実線が交わる点で、貢献利益を表す細い実線
　　　　　　と点線の縦の幅と、固定費を示す太い実線と点線の縦の幅が
　　　　　　同じになっています。ここが**損益分岐点**です」

一同　　　「なるほど！」

堀越執行役「最後の図です。このスライドを見てください」

と言って、**図表 6-6** を示しました。

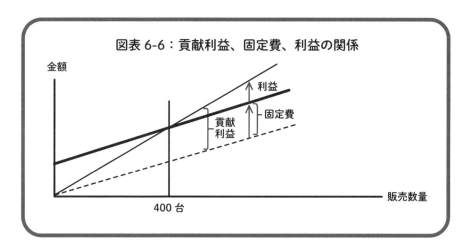

堀越執行役「販売数量が損益分岐点である 400 台を超えると貢献利益の大
　　　　　　きさを表す細い実線と点線の縦の幅は固定費の幅を超えます」

若葉課長　「この超えた分、すなわち固定費をすべてカバーした後の残り
　　　　　　の貢献利益が利益になるということですね？」

堀越執行役「そのとおりよ！」

沢端主任　「納得です！」

西野さん　「**図表 6-1** と **6-2** の表を図で再現できましたね。感激です！」

第 2 部　利益計画と管理

3. 目標利益と販売数量

堀越執行役「では、この算式を利用して、損益分岐点での販売数量、ある
いは目標利益を達成するための販売数量を求めてみましょう」
と言って、改めて以下の算式を書きました。

1台当たり貢献利益×販売数量 − 固定費 ＝ 利益

若葉課長　「この算式は**図表6-1**と**6-2**の検討の結果得た算式でしたね？」

沢端主任　「この算式で、損益分岐点での販売数量、あるいは目標利益を
達成するための販売数量を求めることができるのですか？」

西野さん　「そうすれば、今期の目標利益3億5,000万円を獲得するため
に必要な商品の販売数量が分かりますね」

堀越執行役「そうよ。まず、損益分岐点での販売数量から始めましょう」

若葉課長　「損益分岐点では利益がゼロでしたね」

沢端主任　「すると、執行役が示した算式の右側の利益はゼロになります
ね」

西野さん　「算式に当てはめると。こうなりますね？」
と言って、次の算式を書きました。

1台当たり貢献利益×販売数量 − 固定費 ＝0

沢端主任　「1台当たり貢献利益は100万円、固定費は40,000万円とす
ると、算式は…？」

西野さん　「こうなります」
と言って、次の算式に書き直しました。

100万円×販売数量 − 40,000万円 ＝0

沢端主任　「販売数量を求めるには…？」

西野さん　「固定費の40,000万円を右側に移項し、両方を1台当たり貢

献利益 100 万円で割ればいいのよ。つまりこうなるわ」
と言って、次の算式に書き改めました。

100 万円 × 販売数量 =40,000 万円
販売数量 =40,000 万円 ÷ 100 万円 =400 台

西野さん 「つまり、損益分岐点の販売数量は 400 台と言うことになります」

堀越執行役「西野さん、すごいね！」

西野さん 「へぇ～、昔から数学は得意でしたから！」

沢端主任 「……、損益分岐点の売上高 400 台と言うのは、**図表 6-2** や **6-6** と同じ結論ですね」

西野さん 「執行役が示した算式の信用性が裏付けられましたね！」

堀越執行役「そうね」

堀越執行役「では、次は、今期の目標利益 3 億 5,000 万円を得るための販売数量ね」

若葉課長 「執行役が示した算式の利益を 3 億 5,000 万円にすればよいわけよね！」

西野さん 「すると、こうなりますね！」
と言って、次の算式を書きました。

1 台当たり貢献利益 × 販売数量 − 固定費 =35,000 万円

沢端主任 「……」

西野さん 「1 台当たり貢献利益 100 万円と固定費 40,000 万円は先ほどと同じだから、こうなるわね！」
と言って、再び算式を書き始めました。

第 2 部 利益計画と管理

$$100 \text{万円} \times \text{販売数量} -40{,}000 \text{万円} =35{,}000 \text{万円}$$

西野さん　「同じように、固定費の 40,000 万円を右側に移項し、両方を
　　　　　　　1 台当り貢献利益 100 万円で割ればいいから、こうなります」
と言って、次の算式に書き改めました。

$$100 \text{万円} \times \text{販売数量} =35{,}000 \text{万円} +40{,}000 \text{万円}$$
$$100 \text{万円} \times \text{販売数量} =75{,}000 \text{万円}$$
$$\text{販売数量} =75{,}000 \text{万円} \div 100 \text{万円} =750 \text{台}$$

若葉課長　「目標利益 3 億 5,000 万円を達成するための販売数量は 750 台
　　　　　　　と言うことね！」
沢端主任　「750 台か？」

　　やっと話す機会を得た**沢端主任**です。

堀越執行役「では次回の会合までに、今期の目標販売数量 750 台を達成す
　　　　　　　るために何をしなければならないかを、みんなで考えて来て
　　　　　　　下さいな！」
一同「了解で〜す！」

（付属解説）

1. 販売価格が原価以下の商品

第1章の図表1-1で取り上げたように、販売価格は製造原価、販売費、管理費、財務費用からなる総原価に期待利益を加えて決定します。

そして本章で見たように、総原価は変動費と固定費に分かれます。販売価格から変動費を控除したものが貢献利益であり、貢献利益は固定費をカバーする原資になります。

したがって、たとえ販売価格が総原価はもちろん、製造原価を下回る場合でも、直接材料費や直接労務費、商品の販売手数料や輸送費などの変動費を上回る限りは貢献利益が生まれ、それを原資として固定費をカバーすることができます。

すなわち、販売価格が総原価、あるいは製造原価を下回る商品であっても、貢献利益を稼いでいる限りは、その生産・販売を続けることによって会社全体の損失を少なくし、もしくは利益を押し上げることができるのです。

他方、販売価格が変動費以下である場合は、生産・販売すればするほど赤字が増えるので、その商品の生産・販売は中止するべきでしょう。

しかし、これにも例外があります。例えばスーパーの安売り卵のように、卵の販売価格は変動費である仕入原価よりも低く、売れば売るほど赤字になるが、それでも消費者を店舗に呼び寄せる効果があり、お店全体の売上高が増えるケースです。この効果は〝磁石効果〟あるいは〝マグネット効果〟と呼ばれています。

第2部　利益計画と管理

2. 貢献利益率

本文で述べたように、利益は貢献利益から固定費を差し引いたものです。

貢献利益 − 固定費 ＝ 利益

この貢献利益は以下の算式に変換できます。

$$\text{貢献利益} = \frac{\text{貢献利益}}{\text{売上高}} \times \text{売上高}$$

すなわち貢献利益、固定費、利益の関係式は、以下の算式に変換されます。

$$\frac{\text{貢献利益}}{\text{売上高}} \times \text{売上高} − \text{固定費} = \text{利益}$$

分数で表された売上高に対する貢献利益の大きさを**貢献利益率**といいます。したがって貢献利益、固定費、利益の関係式は、以下の算式で表すことができます。

貢献利益率 × 売上高 − 固定費 ＝ 利益

この算式を使えば、損益分岐点での売上高、あるいは目標利益を達成するための売上高を求めることができます。

①損益分岐点での売上高

損益分岐点では利益がゼロなので、以下の算式になります。

貢献利益率 × 売上高 − 固定費 ＝ 0（利益）

次に、固定費を右側に移項します。

$$貢献利益率 × 売上高 = 固定費$$

さらに、両側を貢献利益率で除します。

$$売上高 = 固定費 ÷ 貢献利益率$$

すなわち、固定費の額を貢献利益率で除したものが損益分岐点での売上高になります。

例えば、本文で使用した数字を用いて、貢献利益率40%｛（250万円−150万円）÷250万円｝、固定費40,000万円の場合、損益分岐点の売上高は以下の算式により100,000万円となります。

$$固定費 40,000 万円 ÷ 貢献利益率 40\% = 売上高 100,000 万円$$

当然ですが、損益分岐点での売上高100,000万円は、本文で取り上げた損益分岐点での販売数量400台に販売価格250万円を乗じたものと同額です。

②目標利益を達成する売上高

目標利益を達成するための売上高は以下の算式で求められます。

$$貢献利益率 × 売上高 − 固定費 = 目標利益$$

次に、固定費を右側に移項します。

$$貢献利益率 × 売上高 = 目標利益 + 固定費$$

さらに、両側を貢献利益率で除します。

$$売上高 = （目標利益 + 固定費）÷ 貢献利益率$$

すなわち、目標利益と固定費の合計を貢献利益率で除したものが目標利益を達成する売上高になります。

第2部　利益計画と管理

例えば、貢献利益率40%、固定費40,000万円の場合、目標利益35,000万円を達成するための売上高は以下の算式により187,500万円となります。

（目標利益35,000万円 ＋ 固定費40,00万円）÷ 貢献利益率40% ＝ 187,500万円

　これも当然ですが、目標利益35,000万円を達成するための売上高187,500万円は、本文の目標利益35,000万円を達成するための販売数量750台に、販売価格250万円を乗じたものと同額です。

第7章
販売価格、販売数量、費用の変化の影響

　販売数量と費用の関係を理解すれば、商品をいくらで、何個売り、どの支出をいくら増加または減少させれば、利益はいくら増減するかを予測することができます。

　本章では、前章で取り上げた CVP 分析（Cost= 費用・Volume= 販売量・Profit= 利益の関連分析）の手法を活用し、**販売価格および販売数量、費用の変動が利益に与える影響の予測**について取り上げます。

　　旭精密機械株式会社の**堀越執行役** 兼経営企画部長は、**若葉営業課長、沢端営業主任**と、今期の営業利益３億 5,000 万円を達成するための営業戦略の候補を複数立案し、貢献利益率を用いてそれぞれの案で獲得できる利益額のシミュレーションをしています。

堀越
執行役

若葉
営業課長

沢端
営業主任

1. 貢献利益率の応用

堀越執行役「前に話したように、貢献利益から固定費を差し引いたものが利益ですが、貢献利益、固定費、利益の関係式は、この算式で表すことができます」

と言って、次の算式を会議室のホワイトボードに書きました。

　　　　　貢献利益率 × 売上高 − 固定費 ＝ 利益

（詳細は第６章の付属解説参照）

77

第２部　利益計画と管理

若葉課長　「この式を利用すれば、貢献利益率、あるいは売上高もしくは固定費の変動が利益にどのような影響を与えるかを計算で求めることができますね」

沢端主任　「我々が策定した営業戦略の候補がどれだけの利益を上げることができるのか計算することができるわけですね？」

堀越執行役「そのとおりよ。でもこれだけじゃないわ！」

沢端主任　「他にも何か、あるのですか？」

堀越執行役「貢献利益率の替わりに**変動費率**を使えば、もっと多彩な要素が利益に与える影響を計算することができるようになるのです」

若葉課長　「その変動費率と言うのは、どのようなものですか？」

沢端主任　「早く教えてくださいよ、執行役？」

堀越執行役「じゃ、変動費率の説明を始めるわよ」

若葉課長、沢端主任「お願いします！」

堀越執行役「貢献利益率は、売上高から変動費を控除した貢献利益を売上高で割ったものでした。そこで、貢献利益の替わりに〝**売上高−変動費**〟を使うのです。すると貢献利益率はこの算式で示されます」

と言って、以下の算式を書きました。

$$\text{貢献利益率} = \frac{\text{貢献利益}}{\text{売上高}} = \frac{(\text{売上高}-\text{変動費})}{\text{売上高}}$$

堀越執行役「さらに、このように変換することができます」

と言って、以下の式を書きました。

$$\text{貢献利益率} = \frac{\text{売上高}}{\text{売上高}} - \frac{\text{変動費}}{\text{売上高}} = 1 - \frac{\text{変動費}}{\text{売上高}}$$

若葉課長　「最後の式の右側の、売上高に対する変動費の大きさが変動費

率ですね？」

堀越執行役 「そうです。これまで、貢献利益、固定費、利益の関係は〝貢献利益率×売上高－固定費＝利益〟の算式で表してきたけれど、貢献利益率の替わりに変動費率を使うのです」

沢端主任 「そうすると…？」

堀越執行役 「こうなるわ」

と言って、次の算式を会議室のホワイトボードに書きました。

$$\left(1-\frac{変動費}{売上高}\right)\times 売上高 - 固定費 = 利益$$

若葉課長 「なるほど」

沢端主任 「これをどう使うのですか？」

堀越執行役 「まだ終わりじゃないわ！」

沢端主任 「えっ、まだあるのですか？？？」

堀越執行役 「売上高は販売数量に販売価格を乗じたものです」

若葉課長 「すると、上の算式にある売上高の替わりに〝販売数量×販売価格〟を使うのですか？」

堀越執行役 「そうですよ。するとこうなります！」

と言って、次の算式を書きました。

$$\left(1-\frac{変動費}{(販売数量 \times 販売価格)}\right)\times (販売数量 \times 販売価格) - 固定費 = 利益$$

若葉課長 「この算式には販売数量、販売価格、変動費、固定費が含まれていますね」

堀越執行役 「つまり、**貢献利益の概念を使えば販売数量、販売価格、変動費、固定費の変動が利益に与える影響を計算式で求めることができる**ということがこの算式から分かるでしょう！」

沢端主任 「すごい、ほんとにすごい！おそれいりました」

第2部　利益計画と管理

堀越執行役「これに基づいて、各営業戦略候補に含まれる販売数量、販売価格、変動費、固定費の変動が利益に与える影響をシミュレーションしてみましょう」

若葉課長、沢端主任「了解です！！」

堀越執行役「その際、変動前と変動後の売上高、変動費、固定費のすべてを比較して増加する利益の額を求めることもできますが、変動する金額のみで計算してみましょう」

若葉課長　「そんなことができるのですか？」

堀越執行役「できるわよ。変動する部分の影響のみを検討する方法を**増分分析**あるいは**インクレメンタル分析**といいます。増分分析は、影響額を簡単に求めることができる手法です」

若葉課長、沢端主任「分かりました！」

堀越執行役「まず、昨年の営業の状況をまとめてみましょう」

若葉課長　「会社は1台当たり販売価格250万円、1台当たり変動費150万円、1台当たり貢献利益100万円、貢献利益率40％の商品を600台販売しました。固定費の合計金額は40,000万円で、利益は20,000万円でした。つまりこうですね」

と言って、以下の計算をしました。

貢献利益	60,000万円（1台100万円×600台）
固定費	40,000万円
利　益	20,000万円

---

2. 販売数量と固定費の影響

沢端主任 「今期の目標利益は 35,000 万円ですから、あと利益を 15,000 万円増やす必要があります」

堀越執行役 「各営業戦略候補が、これを超えられるかどうかですね？最初の戦略候補は、**販売数量と固定費が変動する案**ですよね？」

沢端主任 「そうです。この案では、固定費である広告宣伝費を 5,000 万円増加すると、販売数量は 30% 増加すると予想しています」

若葉課長 「昨年の販売数量は 600 台だから 180 台の増加ね！」

沢端主任 「1 台当たりの販売価格は 250 万円だから、販売数量が 180 台増加すれば、売上は 45,000 万円増加します」

堀越執行役 「商品の貢献利益率は 40% だから、貢献利益は売上高 4,500 万円の 40% で 18,000 万円増加するわね」

若葉課長 「他方、固定費である広告宣伝費は 5,000 万円増加するから、差引計算は以下のように 13,000 万円の増加になります」

と言って、以下の計算式を書きました。

貢献利益の増加	18,000 万円
固定費の増加	（5,000 万円）
利益の増加	13,000 万円

堀越執行役 「う～ん、15,000 万円の増加に、あと 2,000 万円足りないわね」

若葉課長 「残念ですね！」

沢端主任 「では、気を取り直して、次の案を見てみましょう」

第 2 部　利益計画と管理

3. 販売価格、販売数量、固定費の影響

堀越執行役「次の戦略候補は、**販売価格、販売数量と固定費が変動する案**ですね？」

沢端主任　「そうです。この案では、現在の販売価格1台当たり250万円を20万円引き下げ、その旨を知らせる広告宣伝に4,000万円を投入すると、販売数量は50%の増加が見込まれると予想しています」

堀越執行役「販売数量は600台の50%で300台増えて、900台になるのですか！」

若葉課長　「貢献利益は1台当たり100万円ですが、販売価格を20万円引き下げると、貢献利益は1台80万円になるわ？」

沢端主任　「すると、得られる貢献利益の総額は、900台×80万円で72,000万円ですね」

若葉課長　「昨年の販売台数は600台で、貢献利益は1台100万円だから、貢献利益の総額は60,000万円ですね」

沢端主任　「すると、貢献利益は12,000万円増加します」

若葉課長　「他方、固定費は、広告宣伝費4,000万円増加するから、差引計算は以下のように8,000万円の増加になります」

と言って、以下の計算式を書きました。

貢献利益の増加	12,000万円
固定費の増加	（4,000万円）
利益の増加	8,000万円

堀越執行役「15,000万円の増加には、遠く及ばないわね」

若葉課長「残念ですね！」

沢端主任「では、次の案に行きましょう」

4. 販売数量、変動費、固定費の影響

堀越執行役「最後の戦略候補は、**販売数量、変動費と固定費が変動する案**
　　　　　　ですね？」
沢端主任　「そうです。この案では、販売員の報酬を総額 6,000 万円の固
　　　　　　定給から、販売数量 1 台当たり 10 万円の歩合給に変更すると、
　　　　　　営業部員の販売意欲が増して販売数量が 200 台増加して 800
　　　　　　台になると予想しています」
堀越執行役「1 台当たり 10 万円の歩合給は、変動費になるわね」
若葉課長　「1 台当たり 150 万円の変動費は、10 万円増えて 160 万円に
　　　　　　なりますね」
沢端主任　「すると、1 台当たりの貢献利益は、販売価格 250 万円から変
　　　　　　動費 160 万円を控除した 90 万円になります」
堀越執行役「800 台販売した場合の貢献利益の総額は 72,000 万円ね」
若葉課長　「昨年の貢献利益は、販売数量 600 台で 1 台当たり 100 万円だ
　　　　　　から、総額 60,000 万円ね」
沢端主任　「すると、貢献利益は 12,000 万円の増加ということになりま
　　　　　　すね」
若葉課長　「そして、販売員の固定給は無くなるから、固定費は 6,000 万
　　　　　　円減少し、差引計算は以下のように 18,000 万円の増加になり
　　　　　　ます」

と言って、以下の計算式を書きました。

第 2 部　利益計画と管理

貢献利益の増加	12,000 万円
固定費の減少	6,000 万円
利益の増加	18,000 万円

若葉課長　「この案なら、利益を 15,000 万円増やすという目標はクリアできるわね！」

沢端主任　「でも、営業員は、固定給から歩合給への変更に納得するかなぁ～？」

堀越執行役「歩合給は 1 台 10 万円だから、800 台売れば 8,000 万円の歩合給になるわ。現在の固定給 6,000 万円より 2,000 万円増えるのだから、納得してもらえると思うわよ」

若葉課長、沢端主任「なるほど！」

沢端主任　「すると、今期は、第 3 案の採用で決まりですかね！」

堀越執行役「そういうことになるわね。これを取締役会に諮ってみましょう。急いで、資料を作ってくださいな！」

若葉課長、沢端主任「了解で～す！！！」

第8章
セグメントの収益性追求

第6章では、CVP分析の手法で「売上高 − 変動費 = 貢献利益」と「貢献利益 − 固定費 = 利益」の算式を求めました。

売上高から売上原価を控除して売上総利益を表示する伝統的な損益計算書を、この貢献利益の概念を反映した損益計算書に作り変えることができます。この損益計算書を**貢献利益式損益計算書**と呼びます。

本章では、貢献利益式損益計算書とそれを利用した**事業部門（セグメント）の収益性分析**を取り上げます。

　旭精密機械株式会社の**堀越めぐみ**執行役兼経営企画部長の大学時代からの友人の1人に、事務機商社の企画課長をやっている**森川泉**さんがいます。久しぶりになじみのホテルのレストランで夕食を共にしている2人です。

　その席で、森川さんから"**ある事業部門の収益性に疑問が出て、その事業部門を存続させるか廃止するかを判定する資料を取締役会に提出しなければならないが、どう判断すればよいのか迷っている**"という悩みを打ち明けられた堀越さんです。

　食事が一段落した後、ラウンジに移動した2人。
そこで堀越さんは、貢献利益式損益計算書による
セグメントの収益性分析を提案しました。

堀越めぐみ

森川泉

第2部　利益計画と管理

1. 貢献利益式損益計算書

堀越さん「**貢献利益式損益計算書**を作って、その事業部門が本当に損失を計上しているのかどうか、確かめてみたら？」

森川さん「貢献利益式損益計算書？それな〜に？」

堀越さん「一般に公表されている会社の損益計算書は伝統的な様式だけれども、それを貢献利益を表示するように組み替えたものよ」

森川さん「組み替えるって、どうするのよ？」

堀越さん「つまりこういうことね！」

と言って、バッグから取り出したレポート用紙に**図表 8-1** を書きました。

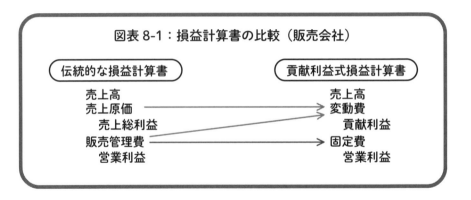

図表 8-1：損益計算書の比較（販売会社）

森川さん「これ、どう見るの？」

堀越さん「この図は、営業利益以下の表示は省略してあるけれど、左側は伝統的な損益計算書の様式よね！」

森川さん「そうね、売上高から売上原価を控除して売上総利益を表示し、さらに販売管理費を控除して営業利益を表示しているわ」

堀越さん「そして右側が貢献利益式損益計算書の様式よ」

森川さん「貢献利益式損益計算書では、売上原価や販売管理費の替わりに変動費と固定費という表示があるのね！」

堀越さん「そう、販売数量の増減に伴って変動する費用が変動費、販売

数量の増減にかかわらず、毎期、一定額が発生するのが固定費よ」

森川さん「なるほど。これによると、販売管理費は変動費と固定費に分かれているけれど、売上原価は変動費だけね？」

堀越さん「そう、変動費は売上原価と販売管理費の変動費部分で、固定費は販売管理費の固定費部分で構成されているのよ」

森川さん「どうして、売上原価に固定費部分はないの？」

堀越さん「これは、あなたの会社のように他社が生産した商品を仕入れて販売している会社の損益計算書を前提にしているからよ」

森川さん「生産会社の場合は違うの？」

堀越さん「もちろん違うわ！生産会社の貢献利益式損益計算書の場合はこうなるわ」」

と言って、新しい用紙に**図表8-2**を書きました。

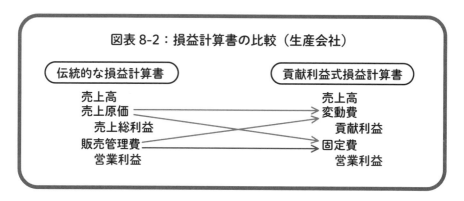

図表8-2：損益計算書の比較（生産会社）

森川さん「これでは、売上原価も変動費と固定費に分かれているわね！」

堀越さん「うちの会社のような生産会社では、商品の製造原価が売上原価になるわ。製造原価には直接材料費や直接労務費、変動製造間接費などの変動費と、機械装置の減価償却費や修繕維持費などの固定製造間接費が含まれているわ」

第2部 利益計画と管理

森川さん「それで生産会社の貢献利益式損益計算書では、売上原価も変動費と固定費に区分されるんだ!」

堀越さん「そうよ。したがって生産会社の貢献利益式損益計算書の変動費は売上原価に含まれている変動製造原価と販売管理費の変動費部分で、固定費は固定製造原価と販売管理費の固定費部分で構成されるのよ」

森川さん「なるほど!」

堀越さん「あなたの会社の相談だから、この先は販売会社を前提に話を進めるわね」

森川さん「お願いするわ!」

堀越さん「例えば、1個当たり販売価格 2,500 円、1個当たり変動費 1,500 円、固定費合計 400,000 円、販売数量 600 個とした場合の貢献利益式損益計算書はこうなるわ」

と言って、以下の貢献利益式損益計算書を作成しました。

売上高	1,500,000 円	(2,500 円 ×600 個)
変動費	(900,000 円)	(1,500 円 ×600 個)
貢献利益	600,000 円	
固定費	(400,000 円)	
営業利益	200,000 円	

堀越さん「売上高 1,500,000 円から変動費 900,000 円を控除したものが貢献利益 600,000 円で、これから固定費 40,0000 万円を控除したものが営業利益 200,000 円よ」

森川さん「なるほど!」

堀越さん「これで終わりではないわ。面白いのはこれからよ」

森川さん「えっ…?」

堀越さん「今のに加えて、広告宣伝に 50,000 円をかけるとお客様の口コミで評判が広がり、翌月は販売数量が 20% 伸びて 720 個になるとするわ」

森川さん「広告宣伝費は、当然、固定費よね！」

堀越さん「そうよ。そして、販売数量が 20% 伸びれば、売上高も現在の1,500,000 円から 20% 伸びるので 1,800,000 円に、変動費も現在の 900,000 円から 20% 伸びるので 1,080,000 円になるわ。固定費は現在の 400,000 円から広告宣伝費 50,000 円が増えて 450,000円になるわ」

森川さん「うん、分かる！」

堀越さん「これで貢献利益式損益計算書を作成し、前月分と比較すると、こうなるわ」

と言って、以下の表を作りました。

（単位：円）

	今月	翌月	増加金額
販売数量	600 個	720 個	120 個
売 上 高	1,500,000	1,800,000	300,000
変 動 費	900,000	1,080,000	180,000
貢献利益	600,000	720,000	120,000
固 定 費	400,000	450,000	50,000
営業利益	200,000	270,000	70,000

森川さん「すると、営業利益は 70,000 円増えるのね」

堀越さん「そう、でも注目してほしいのは営業利益ではなく貢献利益の額よ」

森川さん「えっ、？？？」

堀越さん「販売数量が 600 個の時の貢献利益は 600,000 円、720 個の時は720,000 円になっているわ。つまり、貢献利益式損益計算書は、商品の販売数量に比例して増減する貢献利益を表示することが

第 2 部　利益計画と管理

できるのよ」

森川さん「ほんとだ！」

堀越さん「ある期と他の期の販売管理費が同じ額と仮定すれば、商品の販売数量に比例して増減する貢献利益と営業利益を表示することができるということね。他にも貢献利益式損益計算書のメリットはあるけれど、それが目的でないから、先に進むね」

森川さん「いいわよ、お願い！」

2. 貢献利益式セグメント別損益計算書

堀越さん「私の会社もそうだけれど、多くの会社では組織管理と収益性評価のために**セグメント別の損益計算書**を作るわよね」

森川さん「そう、私の会社でも作っているわ！」

堀越さん「その際、貢献利益式のセグメント別損益計算書を作成すれば、セグメントの責任者の業績の分析と評価、セグメントの事業を継続するか否かの判定など、経営陣の経営判断に役立つ情報を得ることができるのよ」

森川さん「えっ、セグメントの事業を継続するか否かの判定に役立つ情報を得ることができるの、本当？？」

堀越さん「もちろん、本当よ！」

森川さん「ところで、この場合のセグメントと言うのは、どの組織単位かしら？」

堀越さん「セグメントは会社の中の組織単位もしくはグループのことで、店舗、販売チャネル、販売地域、商品ライン、ブランド、事業部門など、どのようにでも区分できるわ」

森川さん「私の会社は事業部門が業務機器と消費財に分かれているけれど、存続させるか廃止するかが問題になっているのは、消費財

部門のコンピュータゲームの店舗販売チャネルなの。こんな小さな部門の損益計算書は作ったことが無くて、困っているのよ！」

堀越さん「会社の階層はどうなっているの？」

森川さん「会社は事業部門、商品ライン、販売チャネルの３階層の組織になっているわ。こんな感じね」

と言って、**図表8-3** を書きました。

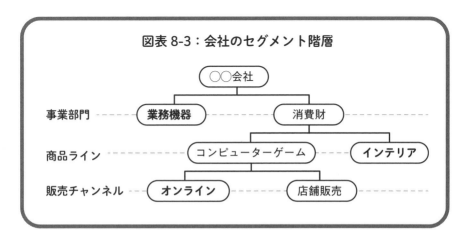

図表 8-3：会社のセグメント階層

事業部門 ‥‥‥ **業務機器**　　消費財

商品ライン ‥‥‥ コンピューターゲーム ‥‥ **インテリア**

販売チャンネル ‥‥ **オンライン**　　**店舗販売**

堀越さん「それじゃ、最初に会社の損益計算書を貢献利益式損益計算書に組み替えて、それを事業部門別、商品ライン別、販売チャネル別にブレークダウンしていけばいいのよ」

森川さん「なるほど」

堀越さん「あなたの会社の損益計算書は手元にないから、これから使う数字は架空のものよ。それでもセグメント別の貢献利益式損益計算書の作り方は分かってもらえると思うわ」

森川さん「それで十分よ」

堀越さん「まず、会社レベル、すなわち会社全体の貢献利益式損益計算書はこのようだとするわね」

第２部　利益計画と管理

と言って、**図表 8-4** を書きました。

図表 8-4：会社レベル貢献利益式損益計算書

売上高	¥500,000
変動費	
変動売上原価	¥189,000
その他変動費	¥41,000
変動費合計	¥230,000
貢献利益	¥270,000
固定費	¥256,500
利益	¥13,500

森川さん「……」

堀越さん「これを事務機器部門と消費財部門に分けると、こうなるとするわね」

と言って、**図表 8-5** を書きました。

図表 8-5：事業部門別貢献利益式損益計算書

	会社合計	業務機器部門	消費財部門
売上高	¥500,000	¥300,000	¥200,000
変動費			
変動売上原価	¥189,000	¥130,000	¥59,000
その他変動費	¥41,000	¥20,000	¥21,000
変動費合計	¥230,000	¥150,000	¥80,000
貢献利益	¥270,000	¥150,000	¥120,000
個別固定費	¥171,000	¥90,000	¥81,000
セグメント利益	¥99,000	¥60,000	¥39,000
共通固定費	¥85,500		
利益	¥13,500		

森川さん 「これはどう見るのかしら？」

堀越さん 「会社レベルの売上高と変動費は、両事業部門に割り振られ、各部門の貢献利益を表示するの」

森川さん 「なるほど、事業部門ごとの貢献利益を表示するのか？」

堀越さん 「そう。そして、会社レベルでは256,500円だった固定費は、個別固定費171,000円と共通固定費85,500円に分け、個別固定費171,000円は両事業部門に区分するのよ。貢献利益から区分した個別固定費を控除するとると、事業部門ごとのセグメント利益を表示することができるわ」

森川さん 「ちょっと待って。**個別固定費**って何？」

堀越さん 「個別固定費は、セグメント固有の固定費で、もしセグメントがなければ発生しない費用よ。言い換えれば、セグメントを廃止すれば発生しない固定費のことね」

森川さん 「どんなものがあるのかしら？」

堀越さん 「例としては、セグメントの商品やサービスの広告宣伝費、セグメント専用のビルの家賃などがあるわ」

森川さん 「なるほど。では**共通固定費**は？」

堀越さん 「共通固定費は、2つ以上のセグメントの業務をサポートする固定費のことよ。したがって共通固定費は、あるセグメントを完全に廃止しても、廃止前の金額とほぼ同額で発生し続けるのよ。だから、共通固定費はどのセグメントにも割り振らないのよ」

森川さん 「例えば、どんなものがあるのかしら？」

堀越さん 「例としては、社長の報酬、本社ビルディングの減価償却費や本社機能の維持コストなどね」

森川さん 「なるほど、了解。ところで、事業部門の貢献利益から個別固定費を控除した**セグメント利益**を表示しているけれど、これは何のことかしら？」

第2部 利益計画と管理

堀越さん　「セグメント利益は、各セグメントで発生するすべての費用を
　　　　　カバーした後の各セグメントの利益よ。**図表 8-5** から明らかな
　　　　　ように、セグメント利益は共通固定費をカバーする原資になり
　　　　　るのよ」

森川さん　「セグメント利益が大きければ、より多くの共通固定費をカバー
　　　　　することができるということね？」

堀越さん　「そう。セグメント利益の大きさは、会社全体の利益に対する
　　　　　各セグメントの貢献度合を示しているということよ」

森川さん　「セグメント利益は各セグメントの収益性を表示しているとい
　　　　　うことね」

堀越さん　「そういうことね。もしセグメント利益がマイナスで、それが
　　　　　何年も続くようであれば、経営トップはそのセグメントの存続
　　　　　を中止するでしょうね！」

森川さん　「なるほど！」

堀越さん　「今は事業部門レベルで個別固定費、セグメント利益、共通固
　　　　　定費の説明をしたけれど、この考え方は商品ライン・レベルで
　　　　　も、販売チャネル・レベルでも同じよ。もう１つ注意してほし
　　　　　いのは、セグメントをさらに小さいセグメントに細分化した際
　　　　　は、個別固定費の一部は細分化したセグメントの個別固定費と
　　　　　共通固定費に分かれることになるのよ」

森川さん　「分かったわ。続けて！」

堀越さん　「次は**図表 8-5** で示した消費財部門のブレークダウンね。消費
　　　　　財部門の貢献利益式損益計算書をコンピュータゲームとインテ
　　　　　リア商品にわけると、こうなるとするわ」

と言って、**図表 8-6** を書きました。

図表 8-6：商品ライン別貢献利益式損益計算書

	消費財部門	コンピューターゲーム	インテリア
売上高	¥200,000	¥125,000	¥75,000
変動費			
変動売上原価	¥59,000	¥40,000	¥19,000
その他変動費	¥21,000	¥15,000	¥6,000
変動費合計	¥80,000	¥55,000	¥25,000
貢献利益	¥120,000	¥70,000	¥50,000
個別固定費	¥70,000	¥40,000	¥30,000
セグメント利益	¥50,000	¥30,000	¥20,000
共通固定費	¥11,000		
利益	¥39,000		

森川さん「これも**図表 8-5** の事業部門別貢献利益式損益計算書と同じ要領で作られているのよね？」

堀越さん「そうよ。**図表 8-5** では 81,000 円だった消費財部門の個別固定費は、**図表 8-6** の商品ライン・レベルでは 70,000 円の個別固定費と 11,000 円の共通固定費に分かれ、個別固定費はコンピュータゲームに 40,000 円、インテリアに 30,000 円が区分されているわ」

森川さん「商品ライン・レベルの個別固定費としては、どのようなものがあるのかしら？」

堀越さん「各商品ラインに区分される個別固定費の例としては、各商品ラインが販売する商品や商品の広告宣伝費などね。これらは、商品ラインが廃止された場合には完全に消滅するわ」

森川さん「なるほど。では、共通固定費には、どのようなものがあるのかしら？」

堀越さん「共通固定費の例としては、両商品ラインの商品生産に使用さ

第 2 部　利益計画と管理

れている機械の減価償却費や維持費などがあるわ。この機械は、仮にどちらかの商品ラインが廃止されても他の商品ラインの生産に使用され続けるので、その発生する減価償却費や維持費は無くならないよの」

森川さん「了解！」

堀越さん「最後は、コンピュータゲームの貢献利益式損益計算書のブレークダウンね。これをオンラインと店舗販売のチャネルにブレークダウンすると、こうなるとするわ」

と言って、**図表 8-7** を書きました。

図表 8-7：販売チャンネル別貢献利益式損益計算書

	コンピューターゲーム	オンライン	店舗販売
売上高	¥125,000	¥100,000	¥25,000
変動費			
変動売上原価	¥40,000	¥33,000	¥7,000
その他変動費	¥15,000	¥4,000	¥11,000
変動費合計	¥55,000	¥37,000	¥18,000
貢献利益	¥70,000	¥63,000	¥7,000
個別固定費	¥25,000	¥15,000	¥10,000
セグメント利益	¥45,000	¥48,000	（¥3,000）
共通固定費	¥15,000		
利益	¥30,000		

森川さん「**図表 8-6** では 40,000 円だったコンピュータゲームの固定費は、**図表 8-7** の販売チャネル・レベルでは個別固定費 25,000 円と共通固定費 15,000 円に分けられ、個別固定費はオンラインに 15,000 円、店舗販売に 10,000 円が区分されているのね」

堀越さん「そうよ。セグメント利益を見ると、オンラインは 48,000 円の

利益なのに、店舗販売は 3,000 円のマイナスになっているわ」

森川さん「つまり、店舗販売のチャネルは、コンピュータゲーム・ライン、消費財部門、しいては会社レベルの利益獲得に貢献していないということになるのかしら？」

堀越さん「そういうことになるわね！」

森川さん「すると、店舗販売のチャネルは廃止した方がいいということになるのね？」

堀越さん「そうだけれども、もう少し検討すべきことがあるわ！」

森川さん「どんなことかしら？」

堀越さん「店舗販売のチャネルを廃止した場合、オンラインの販売チャネルやインテリア商品ライン、業務機器部門に、どのような影響を与えるかという点ね！」

森川さん「なるほど！**図表 8-3** で太い文字で表示されたセグメントね？」

堀越さん「そう。店舗の販売チャネルを廃止することによって、これらのセグメントにどのような影響があるかを仮定してみようか？」

森川さん「了解！」

と言って、2 人で以下をリストアップしました。

- 店舗販売の顧客がオンラインの販売チャネルに移るので、オンラインの売上は 10% 伸びる
- 店舗販売のチャネルの廃止後も、オンラインの貢献利益率（**図表 8-7** では 63%）と個別固定費（15,000 円）に変化はない
- インテリア商品ラインと業務機器部門の事業は何らの影響も受けない

堀越さん「仮定したこの影響に基づいて、店舗販売のチャネルを廃止した場合の影響を検討するとこのようになるわね」

第 2 部　利益計画と管理

と言って、以下をリストアップしました。

> ● コンピュータゲーム・ラインのセグメント利益は 45,000 円で
> あるが、店舗販売のチャネルを廃止すれば、そのセグメント利
> 益のマイナス 3,000 円がなくなるために、コンピュータゲーム・
> ラインのセグメント利益は 48,000 円に 3,000 円増加する。
> ● 店舗販売のチャネルを廃止すると、オンライン販売チャネルの
> 売上は 10%、すなわち 10,000 円伸び、貢献利益は 6,300 円
> （10,000 円×貢献利益率 63%）増加する。

森川さん 「つまり、コンピュータゲーム・ラインのセグメント利益は、3,000
円と 6,300 円の両方を合わせた 9,300 円が増加するということね」

堀越さん 「そのとおり。同様に、会社全体の利益も 9,300 円増加すること
になるわ」

森川さん 「そうすると、コンピュータゲームの店舗の販売チャネルは可
能な限り早く廃止した方がいいという結論ね！」

堀越さん 「そういうことね。私も同じ結論よ！」

森川さん 「分かったわ。今日の話を参考に、私の会社の貢献利益式損益
計算書を作り、それをブレークダウンして、店舗販売チャネル
のセグメント利益を計算してみるわ」

堀越さん 「がんばってね！」

森川さん 「めぐみ、今夜はありがとう」

堀越さん 「どういたしまして！」

森川さん 「店舗販売チャンネルの案件が一段落したら、ご馳走するね！」

堀越さん 「ありがとう。今から、楽しみにしているわよ！」

と言って、最後のカクテルを注文した 2 人です。

（付属解説）

貢献利益式損益計算書の利点と限界

　本文では省略しましたが、貢献利益式損益計算書には次のような利点がありますが、限界もあります。

1. 利点

①販売数量の増減に対応した利益の表示

　貢献利益式損益計算書は、商品の販売数量に比例する貢献利益を表示します。他の条件に変化がないとすれば、貢献利益式損益計算書では、販売数量が増えれば貢献利益も増え、最終の利益も増えます。販売数量が減れば利益も減ります。販売数量に変化がなければ利益も変化しません。

　すなわち貢献利益式損益計算書は、販売数量の増減に伴い利益がどのように変化するかを予測する情報を提供することができるのです。

② CVP 分析（損益分岐点分析）に利用できる情報の表示

　CVP 分析では費用を変動費と固定費に分解する必要がありますが、貢献利益式損益計算書は最初から費用を変動費と固定費に区分して表示します。

　これを利用して目標利益を獲得するための売上高の予想などの様々な CVP 分析が可能になります。

③生産数量に影響されない利益の表示

　生産会社の場合は、製造原価は変動費のみで構成され、製造間接費に含まれる固定費部分（以下、固定製造間接費）はすべて固定費

第 2 部　利益計画と管理

として損益計算書に表示されます。すなわち、ある期間の生産数量の多い、少ないにかかわらず、商品の製造原価は固定製造間接費の影響を受けません。

したがって、生産会社の貢献利益式損益計算書が表示する利益は商品の生産数量には影響されず、販売数量が増えれば利益も増え、販売数量が減れば利益も減ります。販売数量に変化がなければ利益も変化しません。

これに対し、伝統的な損益売計算書では、売上原価となる製造原価に固定製造間接費が含まれます。ある期間の生産数量が多い場合は、商品1個当たりに配分される固定製造間接費は少なくなり、生産数量が少ない場合は多くなります。そのため、生産数量の多少により、製造原価、しいては売上原価が増減し、他の費用の額に変化がなくとも、利益の額は変化してしまいます。

④回収すべき固定費の全額を表示

会社が利益を計上するためには、一定期間中に発生する固定費はすべて回収しなければなりません。貢献利益式損益計算書は、期間中に発生した固定費をすべて貢献利益から控除するので、真に利益を獲得しているか否かが明白になります。

2. 限界

しかし、貢献利益式損益計算書は、外部に財務情報を公表することを目的とする財務会計では損益計算書としては認められていません。

もっぱら社内の経営者等によって経営計画や管理、意思決定に使用されています。

第9章

実績評価に使う
変動予算

　第6章では目標利益を獲得するために達成すべき売上高と販売数量を求めました。

　この売上高と販売数量を達成するための活動を想定して売上原価や販売管理費の予算を作ります。期間経過後の実績値はこの予算と比較され、業績の良し悪しが評価されます。

　この際に使用する予算は、事業年度が始まる前に編成した予算そのもではなく、それを実際の活動のレベルに合わせて修正した予算を使用します。これによって、実績値と予算は同じ活動レベルで比較することが可能になります。実際の活動レベルに修正することができる予算を**変動予算**といいます。

　本章では、**変動予算の作成と使用方法**について取り上げます。

　旭精密機械株式会社の**堀越めぐみ**執行役兼経営企画部長の**妹・茜さん**は、栄養大学を卒業した後、ヨーロッパの有名ホテルで料理人として10年間働きました。1年前に帰国し、この春から関東エリアに自分のお店を開店しました。出身地の三陸地方の魚介類料理と辛口の白ワインや日本酒を提供するお店です。

　開店から半年になりますが、自分のお店が繁盛しているのか、そうでないのか、いま一つ確信が持てません。

　そこで、お店が忙しくなる前の今の時期に業績が良いのか悪いのかを確認する方法について、姉の堀越さんの自宅に相談に来ています。

妹・茜さん

堀越めぐみ

1. 予算と実績の比較目的

堀越さんの自宅のリビングルームです。

めぐみ 「久しぶり。お店の景気はどう？」

茜　　「順調にいっているつもりなのだけれども…？」

めぐみ 「どうしたのよ。お店、ちゃんと廻っているのでしょう？」

茜　　「支払いに回すお金が足りないということはないけれど、本当に
　　　繁盛しているのかどうか、もう１つ確信が持てなくて…？」

めぐみ 「お店を少しずつ増やしていくのがあなたの夢ですものね？」

茜　　「そうなの。だから少しずつでも利益を伸ばしていきたいのだけ
　　　れども、それができているのかどうか不安なのよ？」

めぐみ 「そうね。売上が伸びていても、それ以上に経費が増えていたら
　　　利益は上がらないし、お金も増えないわよね」

茜　　「何か、目に見える方法で、それを確認する方法はないかしら？」

めぐみ 「毎月の予算を作っている？」

茜　　「最初は作っていたけれど、作る意味が分からなくなって止め
　　　ちゃった！」

めぐみ 「そうね。予算は活用しなければ作る意味はないのよね！」

茜　　「活用？活用って、どうするの？」

めぐみ 「毎月の実績が出たら予算と比較し、差異を分析するの。そして、
　　　どこを改善すれば売上が増えるのか、あるいは費用を削減できの
　　　るかを検討する材料にするのよ」

茜　　「ふん、ふん、なるほど。それで、どうすればそれができるの？
　　　教えてよ、お願い？」

めぐみ 「いいわよ。教えてあげる」

茜　　「ありがとうお姉ちゃん！」

と言ったすぐ後、２人は堀越さんの書斎に移動します。

2. 予算の作成

書斎の机の前に座った2人です。机にはPCとモニターが並んでいます。

めぐみ　「まず、予算の作り方だけれど、予算はレストランの来客数に応じて増減する変動費部分と来客数にかかわらず一定額発生する固定費部分に分けて設定するのよ」

茜　　「ふん、ふん」

めぐみ　「そして作った6月の予算がこれだとするわ」

と言って、PCに**図表9-1**を表示しました。

図表9-1：レストランの6月の予算（単位：千円）

	（算定根拠）	予　算
顧客数	期待顧客数	1,000 人
売上高	客単価 3,500 円 × 1,000 人	3,500
経費		
材料費	顧客1人　1,050 円 × 1,000 人	1,050
人件費	固定費　750,000 円 + 1人 250 円 × 1,000 人	1,000
水道・ガス代	基本料金 100,000 円 + 1人 60 円 × 1,000 人	160
電気代	基本料金　50,000 円 + 1人 30 円 × 1,000 人	80
家賃	月 600,000 円	600
減価償却費・資材費	月 310,000 円	310
雑費・その他	月　50,000+ 1人 10 円 × 1,000 人	60
経費合計		3,260
利　益		240

茜　　「1か月の来客数は1,000人、客単価は3,500円か？まあ、こんなもんね。でも、姉ちゃん、良く私の店のこと知っているわね？」

めぐみ　「ばかね！前にあなたが話していたのを覚えていただけよ！」

茜　　「そうだっけ、話したっけ？」

めぐみ　「それはさておき、予算は、このように来客数によって変動する

第2部　利益計画と管理

部分と、変動しない部分に分けて設定するのよ！」

茜　　　「分かったわ！」

3. 実績値との比較

めぐみ「そして、6月の実際の顧客は 1,200 人であり、実績値はこのよう
　　　　になったと仮定するわ」

と言って、**図表 9-2** を PC に表示しました。

図表 9-2：6 月の実績（単位：千円）

	6 月実績
顧客数	1,200 人
売上高	4,100
経費	
材料費	1,340
人件費	1,075
水道・ガス代	185
電気代	76
家賃	600
減価償却費・資材費	315
雑費・その他	95
経費合計	3,686
利　　益	414

めぐみ「さらに、その実績値と予算を比較したのがこれよ」

と言って、**図表 9-3** を PC に表示しました。

図表9-3：6月の実績と予算の比較（単位：千円）

	6月実績	6月予算	差　異
顧客数	1,200 人	1,000 人	200 人 有
売上高	4,100	3,500	600 有
経費			
材料費	1,340	1,050	290 不
人件費	1,075	1,000	75 不
水道・ガス代	185	160	25 不
電気代	76	80	（4）有
家賃	600	600	0
減価償却費・資材費	315	310	5 不
雑費・その他	95	60	35 不
経費合計	3,686	3,260	426 不
利　益	414	240	174 有

茜　　「右端の差異のコラムの〝有〟と〝不〟は、何を意味するの？」

めぐみ 「〝有〟は、実績の売上高が予算と比べて多い、または経費が少ない、つまり利益獲得に有利な差異であること、〝不〟は実績の経費が予算と比べて多い、つまり利益獲得に不利な差異であることを表しているのよ」

茜　　「最後の利益は 174 の〝有〟だから、予算よりも実績の方が多かったということね？」

めぐみ 「ところがそうではないのよ。予算は月が始まる前に、一定の操業レベルを前提に設定するわ。この6月の場合は顧客数 1,000 人を前提にしているわ」

茜　　「そうよね！」

めぐみ 「ところが、実際の顧客数が予算設定時に前提とした数と同じになることは、ほとんどないわ。6月の実際の顧客数は 1,200 人よね。顧客数が増えれば、売上高や利益が増えるのは当然よね！」

茜　　「そうね？？」

第2部　利益計画と管理

4. 修正予算と実績の比較

めぐみ 「実績と予算の比較が意味を持つのは、同じ顧客数を前提に作成した予算と実績を比較する場合よ。つまり、**図表 9-1** の予算を顧客数 1,200 人に合わせて修正して実績と比較しなければならないのよ」

茜 「なるほど！」

めぐみ 「そして、これが顧客数を 1,200 人にして修正した予算よ」

と言って、**図表 9-4** を PC に表示しました。

図表 9-4：顧客数 1,200 人の修正予算（単位：千円）

	算定根拠	修正予算
顧客数	期待顧客数	1,200 人
売上高	客単価 3,500 円 × 1,200 人	4,200
経費		
材料費	顧客 1 人 1,050 円 × 1,200 人	1,260
人件費	固定費　750,000 円 + 1 人 250 円 × 1,200 人	1,050
水道・ガス代	基本料金 100,000 円 + 1 人 60 円 × 1,200 人	172
電気代	基本料金　50,000 円 + 1 人 30 円 × 1,200 人	86
家賃	月 600,000 円	600
減価償却費・資材費	月 310,000 円	310
雑費・その他	月 50,000+ 1 人 10 円 × 1,200 人	62
経費合計		3,540
利　益		660

茜 「これでやっと、顧客 1,200 人の 6 月の実績と予算を比べられるようになったのね！」

めぐみ 「そうよ。そしてこれが、その比較表よ」

と言って、**図表 9-5** を PC に表示しました。

図表 9-5 : 6 月の実績と修正予算の比較 （単位：千円）

	6月実績	修正予算	差　異
顧客数	1,200 人	1,200 人	
売上高	4,100	4,200	100 不
経費			
材料費	1,340	1,260	80 不
人件費	1,075	1,050	25 不
水道・ガス代	185	172	13 不
電気代	76	86	（10）有
家賃	600	600	0
減価償却費・資材費	315	310	5 不
雑費・その他	95	62	33 不
経費合計	3,686	3,540	146 不
利　益	414	660	246 不

茜　　　「あら、実績値の最終の利益は予算を下回っているわ！どうして
　　　　かしら？」、

めぐみ　「利益は 246,000 円の不利差異ね。その理由はいくつかあるはずだ
　　　　わ。その原因を分析して、翌月には不利差異を解消できるように
　　　　対策を講じるのが、オーナーであり店長であるあなたの仕事ね！」

茜　　　「でも、どこから手をつければいいのかしら？分からないわ？？」

5. 異常値に基づく管理

•••

めぐみ　「心配しなくとも大丈夫よ。こんな時のために、実績と予算の比
　　　　較で明らかになった重要な異常値に着目する〝**異常値に基づく管
　　　　理**〟と呼ばれる方法があるわよ」

第２部　利益計画と管理

茜　　　「異常値に基づく管理？何、それ？」

めぐみ　「異常値に基づく管理は、様々な項目の実績が予算から乖離している場合に、乖離の程度がより重要な項目について乖離の原因を追求し、対策を講じる方法よ。他方、乖離の程度がさほど重要でない項目については目をつむるのよ」

茜　　　「なるほど。じゃぁ、乖離の程度が重要であるかどうかは、どうやって判断するの？」

めぐみ　「乖離の重要性は、乖離した金額の大きさ、乖離した割合（%）、乖離の傾向、などで判断するのよ」

茜　　　「金額の大きさや割合は分かるけれど…、乖離の傾向って、どういうこと？」

めぐみ　「金額や割合は大きくなくとも、例えば、上昇傾向が続いているなどの傾向よ」

茜　　　「なるほど、分かったわ」

めぐみ　「**図表 9-5** では材料費、人件費、雑費・その他が大きな不利差異を示しているわ。特に雑費・その他は、予算に対して 53% アップしている。店長はこれら３つの項目の差異の原因を調査し、原因を排除するための対策を講じて、翌月の営業に備える必要があるということね」

茜　　　「売上高はどうかしら？実績値は予算より 100,000 円も少ないわよ？」

めぐみ　「金額は一番大きいけれど、予算に対する割合は 2.3% に過ぎないわ。しかも、売上高の予算は、顧客が全員、客単価 3,500 円を支払う前提で計算してあるのよ」

茜　　　「でも、顧客が全員 3,500 円を払うとは限らないわね！」

めぐみ　「そう。言い換えれば差異が出るのは当然。仮に原因が分かっても、相手のあることだから対策は限定的にならざるを得ない。まあ、売上高の差異の原因は時間があれば調査するというスタンスでもいいのじゃないかしら？」

茜　　「なるほど。分かったわ」

めぐみ「最後にもう１つ、あるわ」

茜　　「なに、教えて？」

めぐみ「**図表9-1** および **9-4** では、変動費分の予算を顧客１人当たりで設定しているわ。でも経費の中には、お店の営業時間やスタッフの勤務時間など、顧客数以外の要素に応じて変動するものもあるのじゃないかしら？」

茜　　「そうね。確かに、顧客スペースの電気代は営業期間の長さに比例するわね。あと、パートタイム従業員の人件費は勤務時間の長さに比例するわ」

めぐみ「そういう状況にあるのならば、変動費部分を顧客数だけで設定するのではなく、営業時間、パートタイマーの勤務時間など、複数の指標を使って予算を設定すると、実際の活動レベルに合った予算を作ることができるわよ」

茜　　「確かにそのとおりでしょうね。でもそうすると、予算の設定や差異分析に手間が掛からない？予算の設定や差異分析に、あまり時間を取られたくないわ！」

めぐみ「そうね、差異分析に時間をとられて本業に影響したら、本末転倒ね！」

茜　　「何か、いい方法はないかしら？」

めぐみ「あるわよ」

茜　　「えっ、あるの？教えて！」

めぐみ「効率と効果を考慮して、例えば、予算金額の大きい項目、予算と実績の乖離が大きくなりやすい項目などに絞って複数の指標を使うのよ」

茜　　「なるほど。それなら何とかなりそうだわ！」

めぐみ「がんばってね。何か分からないことがあったら、いつでも連絡してちょうだい！」

第２部　利益計画と管理

茜　　　「ありがとう。今度、お店に来て。お礼にご馳走するわ。彼氏と
　　　　一緒にね！」
めぐみ「まぁ〜、この子ったら。姉をからかって！」
茜　　　「えへへ〜」

第3部

非日常的な
判断・決定

どっちに
しようかな〜
に応える

第10章
差額原価分析の原価概念

　経営者が意思決定をする際は様々な要素を考慮しますが、最終的には2つ以上の候補の中から会社の利益を最大にする1つを選ぶことになります。

　その際に、**2つの選択肢の間で異なる原価と収益だけにフォーカスして比較する差額原価分析の手法**が広く用いられます。

　この差額原価分析では、特殊な原価の概念が使われます。

　堀越めぐみ旭精密機械株式会社の執行役兼経営企画部長は、母校の帝国国際大学で、非常勤講師として原価計算の講義を担当しています。

　今日は、**差額原価分析で使用する原価の概念に**ついて話をしています。

堀越先生

大川くん

白鳥さん

1. 差額原価分析

堀越先生　「今日は**差額原価分析**で使用する**原価概念**について話をします。これからの授業で頻繁に使用するので、言葉の意味をしっかりと覚えてくださいね」

大川君　　「先生、差額原価分析って何ですか？」

堀越先生　「経営者が経営上の意思決定をするときは、様々な要素を考慮しますが、最終的には2つ以上の候補の中から会社の利益を最

大にする１つを選ぶのが一般的です」

大川君　「はい、分かります」

堀越先生「この際に、２つの選択肢の間で差異がある原価と収益だけに
　　　　フォーカスして候補を比較するのが差額原価分析です」

白鳥さん「差異がある原価と収益だけに着目するのですか？」

大川君　「２つ以上の候補に共通する原価や収益はどうするのですか？」

堀越先生「共通する原価や収益は無視します」

白鳥さん「なぜ、共通する原価や収益は無視し、差異がある原価や収益だ
　　　　けにフォーカスするのですか？」

大川君　「共通する原価や収益も取り上げてもよいのではないですか？」

堀越先生「確かに、共通する原価を取り上げるのも間違いではありませ
　　　　んし、正しい結論は得られます。しかし差異がある原価と収益
　　　　だけにフォーカスすることによって、意思決定に要する作業時
　　　　間を節約し、真に重要な情報に注意を集中させることができる
　　　　のです」

白鳥さん、大川君「なるほど、納得です！」

2. 使用する原価概念

・・

堀越先生「差額原価分析では、これまで学んだ原価とは異なる原価の概
　　　　念を使います」

白鳥さん「どのような原価の概念を使うのですか？」

大川君　「興味半分、不安半分で～す」

堀越先生「差額原価分析で使用する主な原価の概念には、差額原価、機
　　　　会原価、回避原価、埋没原価、未来原価、があります」

白鳥さん「それはどのようなものですか？」

堀越先生「まず、**差額原価**です。２つの選択肢に含まれる原価の中で、お

第３部　非日常的な判断・決断

互いに差異がある原価を差額原価といいます。また、2つの選択肢の中の収益で、お互いに差異がある収益を**差額収益**といいます。そして、差額原価は、しばしば差額収益を含む概念として使われます」

大川君　「差額収益とは言わずに、差額原価ということがあるということですか？」

堀越先生「そう、そのとおりです。また差額原価のうち、増加する原価を**インクレメンタル原価**、減少する原価を**デクレメンタル原価**と呼ぶこともあります」

大川君　「様々な呼び方があるのですね！」

白鳥さん「しっかり覚えないと、混乱しそうね！」

堀越先生「2つ目は、**機会原価**です。機会原価は、ある選択肢を選んだために断念した他の選択肢から得られたであろう便益のことです。機会原価は、選択を断念した選択肢がもたらしたであろう便益ですが、差額原価分析では選択した案の原価として取り扱います」

白鳥さん「今一つイメージが湧かないのですが、どのようなものですか？」

大川君　「例を挙げてもらえませんか？」

堀越先生「例えば、海外旅行をするためにやっていたアルバイトを休むとします」

大川君　「あります、あります。僕も経験あります」

堀越先生「その場合、アルバイトを続けていれば得られたであろう報酬をあきらめざるを得ません。このあきらめたアルバイトの報酬は、海外旅行に行くための原価、つまり費用の一部と考えるということです」

白鳥さん「なるほど！よく分かりました」

大川君　「納得で〜す！」

堀越先生「機会原価は実際に発生する原価ではなく、会計帳簿にも記録

されませんが、意思決定においては必ず考慮される原価の概念です」

白鳥さん、大川君「了解です！」

堀越先生「3つ目は、**回避原価**です。回避原価は、複数ある選択肢の中から1つを選んだことによってた回避することができた原価です。言い換えれば、選ばなかった他の選択肢の中に含まれている原価のことです」

大川君「これも具体例を挙げてくださ〜い」

堀越先生「いいでしょう。例えば、映画を見るために映画館に行くか、それともDVDをレンタルして自宅で見るかの選択肢がある場合、映画館の入場料はDVDをレンタルする場合に回避できる原価になり、DVDのレンタル料は映画館に行く場合に回避できる原価になります」

白鳥さん「なるほど！」

大川君「これは分かりやすい！」

堀越先生「しかし、例えば借りているアパートの家賃はどちらを選択しようとも回避できません。したがってアパートの家賃は回避原価ではありません」

白鳥さん「これも分かりやすいですね！」

堀越先生「4つ目は、**埋没原価**です。埋没原価はすでに発生してしまった原価で、これからどのよう選択をしても避けることができない原価です。したがって埋没原価は、どの選択肢でも共通なので意思決定に影響はありません」

白鳥さん「どのような原価なのでしょうか？」

堀越先生「例えば、トラックを購入して100万円を支払った場合、すでに支払った100万円は埋没原価になります。なぜなら、この100万円は、これからトラックを売ろうが、保有し続けようが、取り替えようが、戻ってくることはないからです」

第3部　非日常的な判断・決断

白鳥さん 「なるほど！」

大川君 「納得です」

堀越先生 「最後は**未来原価**です。未来原価は、今の選択肢に係る意思決定をした後に発生する原価のことです。つまり、どのような選択をしても将来必ず発生するものなので、回避することができない原価なのです」

白鳥さん 「例えば、どのようなものでしょうか？」

堀越先生 「旅行に新幹線を利用するか航空機を利用するかを検討する際は、旅行先の宿泊代は移動手段を選択した後に発生する原価です。どちらの交通機関を利用しようと必ず発生するので、今の交通機関の選択に影響はしません」

大川君 「新幹線を利用するか、キャンピングカーを利用するかを選択する場合は、どうなりますか？

堀越先生 「キャンピングカーに宿泊する場合、旅行先の宿泊代は発生しません。しかし、新幹線を利用する場合は旅行先の宿泊代が発生します。この場合の宿泊代は新幹線を利用する場合の原価となり、未来原価ではありません」

白鳥さん 「なるほど！」

大川君 「納得です」

3. 関連原価と非関連原価

堀越先生 「これまで取り上げた原価の概念を、意思決定に関連するか、しないかという視点で、**関連原価**と**非関連原価**に区分します。2つの選択肢に含まれる原価の中で、お互いに差異がある原価である差額原価は関連原価です。これに対し、複数の選択肢に共通する原価は非関連原価です」

白鳥さん　「先ほど取り上げた原価の内で、どれが差額原価になりますか？」

堀越先生　「**機会原価と回避原価は差額原価で、関連原価**になります」

大川君　　「すると、複数の選択肢に共通する原価で、非関連原価になるのは…？」

堀越先生　「**埋没原価と未来原価は、どの選択肢でも差異はないので非関連原価**になります。

大川君　　「差額原価に該当するのは、機会原価と回避原価だけですか？」

堀越先生　「そんなことはありません。２つの選択肢に含まれる原価の中で、お互いに異なる原価は、すべて差額原価です。その中の１つとして機会原価と回避原価があるということです」

大川君　　「なるほど！了解です」

堀越先生　「同様に、複数の選択肢に共通する原価はすべてが非関連原価です。その中に埋没原価と未来原価があるということです」

白鳥さん　「分かりました。ところで、関連原価と非関連原価とを区分する理由は何ですか？」

大川君　　「僕も知りたいな～」

堀越先生　「２つ以上の選択肢から１つを選ぶ意思決定では関連原価に注力し、非関連原価は無視するアプローチがとられます。このアプローチは、このような２つのメリットがあります」

と言って、以下をホワイトボードに書きました。

- 複数の事業部門を持ち、あるいは複数の商品を持つ会社においては、選択対象になる事業部門あるいは商品に関係するすべての原価と収益を選び出して比較することは困難であるか、もしくは多大の時間を要する
- すべての原価と収益を比較することは作業が膨大になり、真に重要な情報に対する注意を散漫にするおそれがある

第３部　非日常的な判断・決断

白鳥さん 「そこで、関連原価と非関連原価を分離し、関連原価にのみ注力するのですね？」

堀越先生 「そのとおりです」

大川君 「納得です！」

堀越先生 「関連原価と非関連原価の区分に当たって、もう1つ、注意しなければならないことがあります」

大川君 「それって何ですか？」

堀越先生 「それは、**ある意思決定に関連する原価とそのグループは、他の意思決定においてはまったく関連しない可能性がある**ということです。むしろ、他の意思決定では全く別のグループの原価が関連原価である可能性が高い、ということです」

白鳥さん 「意思決定ごとに、どれが関連原価かを判別する必要があるということですか？」

堀越先生 「そのとおりです。意思決定をする者は、それぞれの意思決定の状況を分析し、その意思決定の関連原価を見極める必要があります。〝**異なる意思決定には異なる原価を**〟というのが差額原価分析の鉄則です」

白鳥さん 「〝異なる意思決定には異なる原価を〟ですか？」

大川君 「肝に銘じておきます！」

4. 貢献利益式損益計算書とのコラボ

堀越先生 「第8章で取上げた貢献利益式損益計算書は、差額原価分析でも頻繁に登場します」

大川君 「え、そうなんですか？」

堀越先生 「貢献利益式損益計算書と差額原価分析の組合せは、意思決定のための強力なツールになります。来週から、この2つのツー

ルを使用して、差額原価分析による様々な意思決定の事例を検討していきます。来週までに、貢献利益式損益計算書の様式と読み方を、もう一度復習しておいてください」

白鳥さん、大川君「了解で〜す！！」

第3部　非日常的な判断・決断

第**11**章
差額原価分析の事例

　経営の最も基本的なスキルは、データに基づいた理性的な意思決定をする能力といわれます。経営者の意思決定において、2つの選択肢の間で差異がある原価と収益にフォーカスして複数の候補を比較するのが差額原価分析です。

　差額原価分析の手法を利用した経営上の意思決定の例としては以下のようなものがあります。

- ある事業部門を売却もしくは廃止するか、あるいは取得もしくは新設するか？

- 特別な価格で、特別な注文を受けるか、否か？

- 商品を今売るか、さらに追加加工して付加価値を高めてから売るか？

- 内製している部品を外注に切り替えるか、否か？

- 複数の商品のうち、どちらの生産を優先するか？

　旭精密機械株式会社の**舘石広志**原価計算課課長は、新しく課員になったベテラン社員の**赤城尚子**さんに、**差額原価分析の手法を使用した様々な経営上の意思決定の事例**を教えています。

舘石広志

赤城尚子

1. 生産の中止・存続の決定

舘石課長「最初は、**現在の事業から撤退すべきか、それとも存続させるべきかの意思決定**です」

赤城さん「はい、お願いします」

舘石課長「このような意思決定においては、多くの質的な要素や量的な要素を考慮しますが、最終的な決定は会社の利益に対する影響額で決定します」

赤城さん「利益が増えるか否か、ということですか？」

舘石課長「そうです。もし会社の利益を大きくする、もしくは損失を小さくするのであれば、廃止であれ存続であれ、その提案は取締役会で承認されるでしょう」

赤城さん「なるほど、分かりました」

舘石課長「では我社のファインA型事業を例に、ファインA型事業を継続するのか、それとも中止するのかの意思決定プロセスを見ていきます」

赤城さん「ファインA型事業は、我社の創業以来の事業ですよね！」

舘石課長「そう、そのとおり。しかし、最近は営業利益がマイナスの状況が続いており、ファインA型の事業を中止し、新型のファインX型の事業に集中してはどうかという意見が取締役会でも出ています」

赤城さん「するとこの事案では、ファインA型事業を継続する案と中止する案のどちらが会社に多くの利益をもたらすかを比較検討することになりますね？」

舘石課長「そうです、もし、ファインA型事業を中止すると会社全体の利益が大きくなるのであれば、中止すべきという結論になります」

赤城さん「なるほど！」

舘石課長「ファインA型事業とその他事業、および会社全体の損益の状

第3部 非日常的な判断・決断

況は**図表11-1**のようであると仮定します」

と言って、以下の表をホワイトボードに書きました。

図表11-1：ファインＡ型事業と会社全体の損益（単位：万円）

	ファインＡ型	その他事業	会社全体
売上高	50,000	200,000	250,000
変動費	30,000	75,000	105,000
貢献利益	20,000	125,000	145,000
固定費			
家　　賃	8,000	42,000	50,000
広告宣伝費	7,000	11,000	18,000
減価償却費等	3,000	4,000	7,000
支払給料	4,000	16,000	20,000
一般管理費	6,000	22,000	28,000
固定費合計	28,000	95,000	123,000
営業利益	(8,000)	30,000	22,000

赤城さん「課長、この損益計算書では、売上高から変動費を引いていますね？」

舘石課長「そう、売上高に応じて増減する変動費と、売上高にかかわらず、毎期一定額が発生する固定費の関係が明らかになるように、費用を変動費と固定費に分けているのです」

赤城さん「この例を見るとファインＡ型事業の営業利益はマイナス8,000万円、すなわち8,000万円の損失になっていますね！」

舘石課長「そう、その他事業がもたらす営業利益は30,000万円だが、ファインＡ型事業の営業利益マイナス8,000万円が響いて、会社全体では22,000万円にとどまっている」

赤城さん「すると、ファインＡ型事業を中止すれば会社全体の営業利益は8,000万円アップし、30,000万円になるということですか？」

舘石課長「そう単純ではないのです。だから意思決定は難しいのです！」

赤城さん 「どういうことですか？」

舘石課長 「順を追って見ていきましょう！」

舘石課長 「ファインＡ型事業を中止すると、当然ながら、ファインＡ型事業の売上高 50,000 万円は無くなります」

赤城さん 「変動費 30,000 万円もなくなりますよね？」

舘石課長 「そう、そのとおり。そして、ファインＡ型事業がもたらしている貢献利益 20,000 万円もなくなります」

赤城さん 「そうですね！でも、固定費もなくなりますよね？」

舘石課長 「そう。そして、もし、生産中止に伴ってすべての固定費合計 28,000 万円が消滅するのであれば、ファインＡ型事業のマイナスの営業利益 8,000 万円もきれいに消滅します。すると、会社全体の営業利益は 8,000 万円増えて 30,000 万円になります」

赤城さん 「その場合は、ファインＡ型事業は中止すべきという結論になるのですね？」

舘石課長 「そう、そのとおりです」

赤城さん 「では、ファインＡ型事業を中止しても、固定費の一部分しか消滅しない場合はどうなりますか？」

舘石課長 「例えば、ファインＡ型事業の中止に伴って必要なくなる、言い換えれば消滅する費用が家賃 8,000 万円と広告宣伝費 7,000 万円のみである場合を考えてみましょう？」

赤城さん 「すると、ファインＡ型事業の中止によっても、減価償却費等、支払給料、一般管理費、合計 13,000 万円は無くならないということですね？」

舘石課長 「そう、そのとおりです。言い方を変えれば、ファインＡ型事業を中止した場合、その他事業の貢献利益がこの 13,000 万円をカバーしなければならなくなります」

赤城さん 「そうすると、その他事業の営業利益は 30,000 万円から 13,000 万円減って 17,000 万円になり、会社全体の営業利益も 17,000 万

第３部 非日常的な判断・決断

円になるということですね？」

舘石課長「そのとおりです」

赤城さん「すると、会社全体の営業利益は、今の 22,000 万円より 5,000 万円も減ってしまうということですね？」

舘石課長「そう、そのとおりです。すなわち、ある事業を中止することによって無くなる貢献利益よりも消滅する固定費の方が大きい場合は中止すべきであり、逆に、消滅する固定費よりも無くなる貢献利益が大きい場合は事業は継続すべきである、という結論になるのです。つまりこうです」

と言って、以下の算式を書きました。

無くなる貢献利益 ＜ 消滅する固定費 → 事業中止
無くなる貢献利益 ＞ 消滅する固定費 → 事業継続

赤城さん「分かりました。覚えておきます」

舘石課長「ただし、**赤字になっている事業部門は他の事業部門の商品やサービスの売上に貢献するなどの事情がある場合は、事業中止によって消滅する固定費が無くなる貢献利益を上回る場合でも、当該部門の事業を継続する場合があります**」

赤城さん「例えば、どのような場合ですか？」

舘石課長「ミネラルウォーターのサーバーを無料で貸与し、ミネラルウォーターの販売で利益を上げているようなケースですね」

赤城さん「それはつまり、赤字のサーバー部門はウォーター部門の売上に貢献していて、ウォータ部門の貢献利益がサーバー部門の赤字をカバーし、会社全体としては利益が出ているということですね？」

舘石課長「そう、そのとおりです」

赤城課員「なるほど。納得です」

2. 特別注文の受諾

舘石課長「次は、特別注文を受けるか否かの意思決定です。ここで取り上げる特別注文は、会社が日々行う継続的な事業とは別の一度きりの注文のことです」

赤城さん「はい、お願いします」

舘石課長「特別注文がある場合は、注文を受けることによって利益を増やすことができるか、否かの検討になります。増やすことができる場合は注文を受ける、そうでない場合は拒否することになります」

赤城さん「はい、分かります」

舘石課長「今、会社が生産する商品1台当たりの原価構成は以下のようであったと仮定します」

と言って、以下の表をホワイトボードに書きました。

直接材料費	37,000 円
直接労務費	9,000 円
変動製造間接費	1,000 円
固定製造間接費	9,000 円
製造原価合計	56,000 円

赤城さん「製造原価の合計は 56,000 円ですね！」

舘石課長「ここに、1台 50,000 円で、100 台の特別生産を打診されたとします」

赤城さん「打診された販売価格は、現在の製造原価合計 56,000 円より低いのですね？」

舘石課長「そうです。もしこの特別注文を引き受ければ会社の売上高は増えますが、同時に製造原価も増えます」

第3部　非日常的な判断・決断

赤城さん 「でも製造原価には、生産量の増加に応じて増える原価と、生産量にかかわらず一定額が発生する原価、つまり生産量が増加しても増えない原価があるのですよね?」

舘石課長 「そう、そのとおりです。直接材料費、直接労務費、変動製造間接費は生産量が増えると、それに比例して増えます。他方、固定製造間接費は生産量にかかわらず一定額発生するものなので、特別注文を引き受けても増えません」

赤城さん 「1台50,000円で100台の注文を引き受けた場合に、増える製造原価がどれだけになるかが、注文を引き受けるか否かの分かれ目ということですね?」

舘石課長 「そうです、注文を引き受けた場合に増える売上高と増える製造原価は差額原価であり、意思決定に関連します。そして、増える売上高が増える原価を上回るのであれば、会社の利益は増加します」

赤城さん 「その場合は、特別注文を受諾すべきということになるのですね?」

舘石課長 「そのとおりです」

赤城さん 「比較すると、どうなるのかしら?」

舘石課長 「100台の注文を引き受けた場合の増える売上高と製造原価は、こうなります」

と言って、以下の表を書きました。

	1台当たり	100台分
増える売上高	50,000円	5,000,000円
増える製造原価		
直接材料費	37,000円	3,700,000円
直接労務費	9,000円	900,000円
変動製造間接費	1,000円	1,000,000円
合計	47,000円	4,700,000円
増える利益	3,000円	300,000円

赤城さん「1台当たりの増える売上高50,000円は増える製造原価47,000円を3,000円上回って、100台で300,000円の利益が生まれるのですね！」

舘石課長「そうです。このように、特別注文の受注価格が現在の製造原価を下回っていても、生産量の増加に伴って増える原価、すなわち変動費を上回る限り、注文の引受けで利益を増やすことができるのです」

赤城さん「了解です」

第3部　非日常的な判断・決断

（付属解説）

特別注文を引受ける際の留意点

①生産余力

　特別注文を受注するか否かを決定する際は、生産設備に特別注文品を生産する余力があるか、否かを確認する必要があります。

　もし通常品の生産に生産能力の100%を使用している場合において特別注文を引き受けると、通常品の生産を中止しなければなりません。その場合、生産を中止した通常品の生産によって得られる貢献利益を失うことになります。

　この失う貢献利益は特別注文を引き受ける場合の機会原価になるので、引き受ける場合の「増える製造原価」に加算しなければなりません。その上で、増える売上高が増える製造原価を上回るか否かを検討することになります。

②通常品への影響

　特別注文を引き受けるか否かを決定する際に留意しなければならない点がもう1つあります。それは特別注文品の生産が通常品の販売量、あるいは販売価格に悪影響を与えないことです。

　もし通常品の販売数量や販売価格の低下を招く恐れがある場合は、これによる貢献利益の減少は、やはり特別注文を引き受ける場合の機会原価になるので、引き受ける場合の「増える製造原価」に加算したうえで、〝増える売上高が増える製造原価を上回るか否か〟を検討する必要があります。

3. 付加価値を高める追加加工

舘石課長「次は、**商品を現在のまま販売するか、それとも価値を付加した商品にして販売するか否か、**の意思決定です」

赤城さん「はい」

舘石課長「今、商品アルファとアルファXの2つの数値制御装置があると仮定します」

赤城さん「アルファは標準的な数値制御装置で、アルファXはAIを備えた数値制御装置という設定ですね？」

舘石課長「そうです。販売価格はアルファが1台300万円、アルファXは800万円です。これら2機種に最近開発した新しい機能を付加して販売するか否かが議論されています」

赤城さん「新しい機能を付加すれば、追加の製造原価が発生しますよね！」

舘石課長「そうですね。そのため、販売価格も引き上げる案が検討されています」

赤城さん「そうすると、このケースでは何を検討すればよいのでしょうか？」

舘石課長「この場合は、今のままの商品を販売する場合と、新しい機能を付加して販売する場合とで、どちらが会社に多くの利益をもたらすかを検討することになります」

赤城さん「具体的には、どうなりますか？」

舘石課長「具体的には、新しい機能の付加により増加する売上高と付加に伴う追加の製造原価を比較します。もし、増加する売上高が追加の製造原価を上回る場合は、新しい機能を付加した新商品として販売する方が会社の利益は増加します。こんな感じですね」

と言って、以下の図をホワイトボードに書きました。

第3部　非日常的な判断・決断

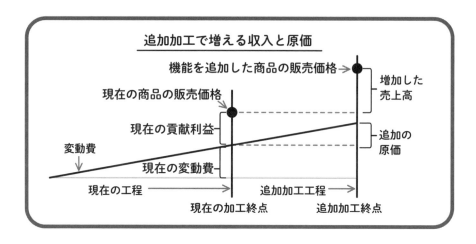

赤城さん「これはどう見るのですか？」

舘石課長「この図の左半分は、現在の商品の変動費と販売価格、そして
貢献利益です。右半分は新しい機能を付加した場合に増える追
加の原価と販売価格の引き上げに伴って増加した売上高を表し
ています」

赤城さん「それで、どうなるんですか？」

舘石課長「注目すべき点は、一番右端の追加加工終点での〝追加の原価〟
と〝増加した売上高〟の個所です」

赤城さん「この図では、〝増加した売上高〟が〝追加の原価〟よりも大き
いようですが…？」

舘石課長「増加する売上高が追加の原価を上回る場合は、追加の加工に
より貢献利益が増えるということであり、会社の利益が増加す
るということです」

赤城さん「なるほど。了解です」

舘石課長「では、検討を開始しましょう。商品アルファとアルファXの
販売価格と追加原価はこのようであったとします」

と言って、以下の表を書きました。

アルファとアルファ X の販売収益と製造原価

	アルファ	アルファ X
現在の販売価格	3,000,000	8,000,000
追加の原価	1,200,000	1,500,000
機能を付加した商品の販売価格	4,000,000	12,000,000

赤城さん「増加した売上高が追加の原価を上回っているのかどうか、判断が難しいですね？」

舘石課長「それでは、こうすればどうでしょう？」

と言って、前の表を以下のように書き改めました。

アルファとアルファ X の販売収益と製造原価

	アルファ	アルファ X
機能を付加した商品の販売価格	4,000,000	12,000,000
現在の販売価格	3,000,000	8,000,000
増加した売上高	1,000,000	4,000,000
追加の原価	1,200,000	1,500,000
増えた貢献利益	(200,000)	2,500,000

赤城さん「これは分かりやすいです。アルファは、新機能を付けても貢献利益は増えないけれど、アルファ X では 250 万円増えるのですね？」

舘石課長「そのとおりですね。多分、AI を備えた数値制御装置の方が新しい機能と相性が良いのでしょうね」

赤城さん「そのため、ユーザーも高い評価をしてくれる、高い価格でも買ってくれるということですね？」

舘石課長「そうですね！」

第 3 部　非日常的な判断・決断

4. 内製か外注かの決定

舘石課長「では次は、**部品を内製するか外注するかの意思決定です**」

赤城さん「どういう事例ですか?」

舘石課長「これまで内製化していた部品を外部から調達する方法に切り替えるか、否かという決定です」

赤城さん「すると、内製化する場合と外注する場合を比較し、どちらがより原価が低く、より多くの利益をもたらすか、という比較になるのですね?」

舘石課長「そのとおりです。今、会社は商品に組み込む部品を内製していると仮定します。生産量は月間 8,000 個で、その製造原価のデータはこのようだと仮定します」

と言って、以下の表を書きました。

部品の製造原価データ (単位:千円)

	単位当たり	金額 (8000個)
直接材料費	8	64,000
直接労務費	4	32,000
変動製造間接費	2	16,000
固定製造間接費 -工場事務員給料	4	32,000
-特殊装置の減価償却費	2	16,000
-工場管理費配賦額	5	40,000
製造原価合計	25	200,000

舘石課長「この会社に、部品 8,000 個を 140,000 千円で供給するという業者が営業に来たとします。この会社は部品の内製化をやめ、業者から調達、すなわち外注すべきなのでしょうか?」

赤城さん「内製化と外注化した場合の差額原価を比較し、どちらが製造

原価が低くなるかですよね?」

舘石課長「そうですね!では、どれが意思決定に関連する差額原価になるか、洗い出してみましょう」

赤城さん「はい。部品を外注した場合、部品の製造原価のうち直接材料費、直接労務費、変動製造間接費は発生しなくなります。すなわちこれらは**回避原価**、すなわち**差額原価**になるので、意思決定に関連します」

舘石課長「そうですね!」

赤城さん「しかし、固定製造間接費は外注した場合でも内製化した場合と同様に発生するので差額原価に該当せず、意思決定には関連しません」

舘石課長「そうですね」

赤城さん「そして、業者が提示する部品8,000個の金額140,000千円は、外注した場合に発生する差額原価で、意思決定に関連します」

舘石課長「そうですね。完璧です、すばらいいですね!」

赤城さん「お褒めに預り、ありがとうございます」

舘石課長「したがって、部品を外注して内製化を止めた場合に回避できる原価が、外部購入に対する支払いで増える原価を上回るのであれば、外注した方が会社の利益は増加することになります」

赤城さん「どうなるのかしら?」

舘石課長「これが部品の外注化によって回避できる製造原価と部品の購入に対する支払いで増える原価の比較です」

と言って、下記の表を書きました。

第3部 非日常的な判断・決断

外注の場合の回避原価と部品購入金額 （単位：千円）

	回避原価	外部購入で増える原価
直接材料費	64,000	
直接労務費	32,000	
変動製造間接費	16,000	
固定製造仮設費 －監督給料		
－特殊装置の減価償却費		
－工場管理費配賦額		
部品 8,000 個の購入代金		140,000
合計金額	112,000	140,000

舘石課長 「この比較で明らかなように、部品の外部購入に対する支払いで
増える原価 140,000 円は、外注によって回避できる原価 112,000
万円を上回ります」

赤城さん 「つまり、外注した場合は、より高いお金を支払うことになると
いうことですね。すると、会社の利益は減ってしまうので、外
注は得策でないということになりますね？」

舘石課長 「そのとおりです！」

（付属解説）

機会原価の考慮

　本項で取り上げた事例で、もし部品の内製化をやめて外注に切り替えた場合、現在、部品の生産に使っているスペースを他の用途に転用して何らかの収入を得ることができる場合はどうでしょうか？

　例えば、部品生産のために使っているスペースを新しい商品の生産に使用すれば、50,000万円の貢献利益が見込まれるとします。もし部品の内製化を続ける場合は、この貢献利益をあきらめることになります。このあきらめる貢献利益は内製化を続ける場合の機会原価となるので、内製化の回避原価に加算する必要があります。

　この場合、本項で取り上げた回避原価の合計は112,000万円から50,000万円増えて162,000万円となり、部品の購入で増える原価140,000万円を上回ります。

　この場合は、外注した方が原価は小さくなり、会社の利益は大きくなるので、外注した方が得ということになります。

第３部　非日常的な判断・決断

5. どの商品を優先するかの決定

舘石課長「最後は、**生産能力に限界がある場合における優先順位の決定**です」

赤城さん「どういうことですか?」

舘石課長「もし工場の生産能力に制約がないのであれば、貢献利益をもたらす商品のすべてを生産することによって、会社は利益を最大にすることができます」

赤城さん「そうですね!」

舘石課長「しかし、生産能力に制約があり、顧客の需要を満たす量のすべては生産できない場合、生産能力をどの商品の生産に回すかを決定しなければなりません。この生産能力は〝リソース〟とも呼ばれます」

赤城さん「分かります。ところで、**生産能力に制約がある**というのは、どのような状態をいうのでしょうか?」

舘石課長「通常、生産会社は複数の生産プロセスを有しています。もし、これらの一連の生産プロセスの中で、あるプロセスが100%の稼働率になっている場合は、他のプロセスに余裕があっても、工場全体としては、いま以上に生産量を増やすことはできません」

赤城さん「なるほど。100%稼働のプロセスが工場全体の生産能力を制約するということですね」

舘石課長「そのとおりです。例えば、複数の商品を生産している機械の稼働時間に上限がある場合、会社の利益を最大化するためには、どの商品を優先的に生産し、どの商品の生産を一部あきらめるかを決定しなければなりません」

赤城さん「どのように決定するのですか?」

舘石課長「結論を先に言えば〝**制約があるリソース1単位当たりの貢献利益が最大になる商品の生産を優先する**〟のです。これによっ

て、会社の利益を最大化することができます」

赤城さん「どうしてですか？」

舘石課長「例をとって見てみましょう。1個当たり貢献利益と1個当たり機械加工時間が以下のような商品 X と Y があると仮定します。また、機械の月間稼働可能時間は 12,000 分（200 時間）と仮定します」

と言って、以下の表をホワイトボードに書きました。

商品 X と Y の貢献利益と機械加工時間（単位：円）

	商品 X	商品 Y
1個当たり販売価格	25,000	30,000
1個当たり変動費	11,000	20,000
1個当たり貢献利益	14,000	10,000
1個当たり機械加工時間	2分	1分
月間販売見込量	3,500 個	8,000 個

赤城さん「商品 X の1個当たり機械加工時間は2分、商品 Y は1分だから、販売見込量のすべてを生産しようとすると、機械の稼働時間はこのように 15,000 分、すなわち 250 時間必要になりますね」

と言って、以下の算式を書きました。

（商品 X）3,500 個 × 2分 +（商品 Y）8,000 個 × 1分 =15,000 分

舘石課長「もし機械の稼働可能時間が 15,000 分あるのであれば、会社は商品 X を 3,500 個、商品 Y を 8,000 個作ることができます」

赤城さん「しかし、機械の月間稼働可能時間は 12,000 分（200 時間）しかないので、商品 X か Y のいずれかの生産を一部あきらめなければならないのですね？」

舘石課長「そのとおりです。いずれかの商品の生産をあきらめる場合、**会社の利益を最大化する**という命題に立てば、**収益性が低い商品**

第3部 非日常的な判断・決断

の生産をあきらめるのが常識です」

赤城さん「その収益性は、商品1個当たりの貢献利益の大きさで判断するのですよね?」

舘石課長「一般的には、そうです」

赤城さん「商品1個当たりの貢献利益は、商品Xが14,000円、商品Yが10,000円ですね。商品Xの方が商品1個当たりの貢献利益が高いので、こちらを優先的に生産するということになりますか?」

舘石課長「一般的には、1個当たり貢献利益が大きい商品は収益性が高いと判断しますが、本事例のように**リソースに制約がある場合**は、制約があるリソース1単位当たりの貢献利益の大きさで収益性の高低を判定します」

赤城さん「そうなのですか?ところで、リソース1単位当たりの貢献利益というのは、何ですか?」

舘石課長「リソース1単位当たりの貢献利益は、以下の算式で求めます」
と言って、以下の算式を書きました。

商品1個当たりの貢献利益 ÷ 商品1個を生産するのに必要なリソース量

赤城さん「本事例の場合、制約があるリソースというのは機械稼働時間ですから、リソース1単位というのは機械加工時間1分ということになるのですか?」

舘石課長「そのとおりです。そして、商品Xと商品Yの機械加工時間1分当たりの貢献利益を計算すると、このようになります」
と言って、以下の表を書きました。

機械加工時間1分当たり貢献利益 (単位：円)

	商品X	商品Y
1個当たり貢献利益	14,000	10,000
1個当たり機械加工時間	2分	1分
機械加工時間1分当たりの貢献利益	7,000	10,000

赤城さん「すると、商品 Y の方が商品 X よりも機械加工時間 1 分当たりの貢献利益が大きく、収益性が高いということになりますね！」

舘石課長「そうですね。したがって、商品 Y の生産を優先することになります」

赤城さん「ということは、機械の月間稼働可能時間 12,000 分のうちの 8,000 分を使って商品 Y の月間販売見込量 8,000 個を生産し、残りの稼働可能時間 4,000 分を使って商品 X を生産するということですね？」

舘石課長「そういうことです。商品 X の 1 個当たり機械加工時間は 2 分だから、4,000 分で 2,000 個作ることができます。商品 Y を 8,000 個、商品 X を 2,000 個生産した場合の会社の月間貢献利益は、以下のように 108,000,000 円になります」

と言って、以下の表を書きました。

(単位：円)

	商品 X	商品 Y	会社全体
1 個当たり貢献利益	14,000	10,000	
月間生産量	2,000 個	8,000 個	10,000 個
月間貢献利益	28,000,000	80,000,000	108,000,000

赤城さん「ところで、これって本当に、商品 X の生産を優先した場合よりも多くの貢献利益を稼いでいるのでしょうか？疑問だわ？」

舘石課長「念のため、検証してみましょうか？」

赤城さん「ぜひ、確認したいわ！」

舘石課長「商品 X は 1 個生産するのに 2 分の機械加工時間を要するから、月間販売見込量の 3,500 個を生産すると、機械を 7,000 分稼働させることになります。機械の月間稼働可能時間は 12,000 分だから、残り 5,000 分を商品 Y の生産に充てます」

赤城さん「商品 Y の 1 個当たり機械加工時間は 1 分だから 5,000 分で 5,000 個を生産することができますね」

舘石課長「すなわち、商品 X の生産を優先した場合は、商品 X を 3,500 個、商品 Y を 5,000 個生産することができます。この場合の月間貢献利益は、以下のようになります」

と言って、以下の表を作りました。

(単位：円)

	商品 X	商品 Y	会社全体
1 個当たり貢献利益	14,000	10,000	
月間生産量	3,500 個	5,000 個	8,500 個
月間貢献利益	49,000,000	50,000,000	99,000,000

赤城さん「商品 X を優先的に生産した場合の月間貢献利益は 99,000,000 円で、商品 Y を優先的に生産した場合の月間貢献利益 108,000,000 円よりも 9,000,000 円少ないのですね！」

舘石課長「リソースに制約がある場合は〝**制約があるリソース 1 単位当たりの貢献利益が最大になる商品の生産を優先する**〟ことによって、会社の利益を最大化することができるということに納得していただけたでしょうか？」

赤城さん「納得です、ガッテンです！」

舘石課長「今日は、これくらいにしておきましょう。ところで、今日は、お金の時間価値の話を省きました」

赤城さん「お金の時間価値ですか？」

舘石課長「そうです。投資の回収に数年間を要するような案件では、**お金の時間価値**の考慮が欠かせません」

赤城さん「そうなんですね？」

舘石課長「でも、私は、お金の時間価値については、あまり詳しくないのです。今度、我社の執行役で、出身大学で原価計算の講義を担当している堀越めぐみさんに話を聞こうと思うのですが、一緒にどうですか？」

赤城さん「大学の先生から話を聞けるのですか、うれしいですわ。ぜひ

　　　　　お願いします！」

舘石課長「では、日時が決まったらお知らせします」

赤城さん「よろしくお願いします」

第３部　非日常的な判断・決断

第**12**章
プロジェクト投資の意思決定

　会社の経営に長期的な影響を及ぼす巨額のプロジェクト投資では、投資（支出）をしてから回収（収入を得る）するまでの期間が長期に及びます。投資から回収までの期間が長期に及ぶ場合、投資として支出する現金と投資の見返りとして回収する現金の時間価値が異なる点を考慮しなければなりません。

　したがって、**プロジェクト投資の意思決定では、投資（現在の現金の支出）とそのリターン（将来の現金の収入）というお金の流れと時間軸を考慮して、言い換えればすべての収支を現在価値に換算したうえで比較して、現在価値ベースの収入が支出を上回る投資を選ぶことになります。**

　プロジェクト投資の意思決定には、新しい機械装置の購入とか、古い生産設備の取替えなど、会社の経営に長期的な影響を及ぼす投資の決定があります。その意思決定には、〝**選別**〟**のための意思決定**と〝**選択**〟**のための意思決定**があります。

　選別のための意思決定は、提案された投資案件は受入れ可能なのか、あるいは投資案件は事前に設けられた基準をパスするか否か、を判断するものです。例えば、「所定の利率で割り引いた現在価値ベースでの現金収入が現金支出を超えるプロジェクトのみを認める」という方針を持っている会社の場合、現在価値ベースでの収入が支出を超えるか否か、を検討することになります。

　選択のための意思決定は、複数の投資案件に順位をつけて、収入が支出を最も多く上回る投資を1つ選択するものです。例えば、生産ラインにある既存の機械を新しい機械に取り替える場合において、複数の候補機械の

中から１つを選ぶのが選択のための意思決定です。

旭精密機械株式会社の**舘石広志**原価計算課課長と**赤城尚子**原価計算課課員は、旭精密機械株式会社の執行役で、出身大学で原価計算の講義を担当している**堀越めぐみ**さんに、**プロジェクト投資の意思決定**について話を聞いています。

舘石広志　　堀越めぐみ
赤城尚子

1. 現金の時間価値

堀越執行役「今更言うまでもないと思いますが、多くのプロジェクト投資の意思決定では、現在の現金支出である〝**初期投資**〟と将来の現金収入である〝**投資のリターン**〟を、**現在価値ベース**で比較します」

舘石課長　「現在価値ベースというのは、どういうことですか？」

赤城さん　「初めて聞く言葉です」

堀越執行役「詳細は後で話しますが、**将来の現金の額を現在の価値に換算したもの**ということです」

舘石課長　「今の１円と将来の１円は、価値が違うということですか？」

堀越執行役「そのとおりです」

堀越執行役「ところで、支出と収入を現在価値ベースで正しく比較するためには、最初に、プロジェクト投資に関連する支出と収入を漏れなく正確に識別する必要があります」

赤城さん　「プロジェクト投資に関連する支出と収入には、どのようなものがあるのですか？」

堀越執行役「それには、このようなものがあります」

第３部　非日常的な判断・決断

と言って、以下をホワイトボードにリストアップしました。

●現金の支出

- 設備と付随施設、および据付のための初期投資

- 事業を拡大するために必要な運転資本（*）

- 設備の運用のための支出（ランニング・コストともいう）

- 投資した設備の維持・修繕のための定期的な支出

（*）：売掛金や商品などの流動資産から買掛金などの流動負債を控除したもの

●現金の収入

- 増加する収入、もしくは減少する支出（現金の収支という観点では、支出の減少は収入の増加と同じ意味を持つ）

- プロジェクトの終了時に、商品の売却や売掛金の回収によって解放されて、他の用途に転用できるようになる運転資本

- プロジェクトの終了時に設備を中古品もしくはスクラップとして売却した場合の収入（有害物や産業廃棄物の処理が必要なケースでは、逆に、支出を強いられることもある）

舘石課長　「現金の支出は設備や施設への初期投資だけではないのですね。運転資本への投資やランニング・コストの支出、設備の維持・修繕の支出もあるのですね」

堀越執行役　「そうですね、運転資本への投資はプロジェクトの初期に起こりますが、ランニング・コストや設備の維持・修繕のための支出はプロジェクトの全期間にわたって発生し続けます」

赤城さん　「現金の収入にも、投資がもたらす収入の他に様々なものがあるのですね？」

堀越執行役　「プロジェクトの終了時に解放される運転資本や設備の売却代
　　　　　　金なども将来の収入です」

赤城さん　　「投資によって現在の現金支出が減少する場合も、その減少額
　　　　　　は収入と同じように見做すのですね？」

堀越執行役　「そのとおりです」

堀越執行役　「ところで、プロジェクト投資に関連する主な現金の収入と支
　　　　　　出にはホワイトボードにリストアップしたものがありますが、
　　　　　　これらは同時に起きるわけではありません。時間的なズレが
　　　　　　あります。そして、1年後、3年後、5年後の1円は、収入
　　　　　　でも支出でも、今日の1円と同じ価値ではありません」

舘石課長　　「具体例を示していただければ、ありがたいのですが…？」

赤城さん　　「私も、同感です？」

堀越執行役　「もちろんですとも。今の銀行預金の利率は微々たるものです
　　　　　　が、数字の違いを明らかにするために高い利率を使用して説
　　　　　　明します。例えば、利率5％の条件で1,000円を銀行に預け
　　　　　　れば、1年後には1,050円を受け取ることができます」

舘石課長　　「そうですね！」

赤城さん　　「分かりやすい例ですね！」

堀越執行役　「これを逆に見れば、1年後の1,050円は今の1,000円と同じ
　　　　　　価値になります。言い換えれば、1年後の1,000円は今の1,000
　　　　　　円と同じ価値ではなく、今よりも価値が低いのです」

舘石課長　　「なるほど、納得です」

赤城さん　　「では、1年後の1,000円は、今の価値ではいくらに相当する
　　　　　　のですか？」

堀越執行役　「1年後の1,000円の価値は「1,000円 ÷（1 + 0.05）= 952」
　　　　　　の算式で、今の952円に相当します。また、2年後の1,000
　　　　　　円の価値は「1,000円 ÷（1 + 0.05）^{2} = 907」の算式で、今の
　　　　　　907円に相当することになります」

第3部　非日常的な判断・決断

舘石課長　「なるほど。でも、この算式でいちいち将来の現金の現在価値を計算するのは面倒ですね！」

赤城さん　「もっと簡単に求める方法はないのですか？」

堀越執行役「ありますよ。これは〝1円の現在価値率〟の表です」

と言って、以下の表をプロジェクターでホワイトボードに写しました。

1円の現在価値率

年数	利　　　率					
	4 %	**5 %**	6 %	7 %	8 %	9 %
1	0.962	**0.952**	0.943	0.935	0.926	0.917
2	0.925	**0.907**	0.890	0.873	0.857	0.842
3	0.889	0.864	0.840	0.816	0.794	0.772
4	0.855	0.823	0.792	0.763	0.735	0.708
5	0.822	0.784	0.747	0.713	0.681	0.650
6	0.790	0.746	0.705	0.666	0.630	0.596

赤城さん　「これは、初めて見る表ですね？」

舘石課長　「この表は、どう見るのですか？」

堀越執行役「太い文字のところを見てください。利率が5％の場合、1年後の1円は今の0.952円に、2年後の1円は今の0.907円に相当することを示しています。すなわちこの表は、将来の1円の現在価値を表しているのです」

赤城さん　「この表を見ると、利率が高くなるほど、または年数が長いほど、将来の1円の現在価値は低くなるのですね！」

堀越執行役「そうです。このように現金には時間価値があるので、早期に収入をもたらすプロジェクト投資を、そうでない投資よりも優先して選択するのが常識です」

舘石課長　「なるほど！」

赤城さん　「納得です！」

舘石課長　「ところで、〝1円の現在価値率〟の表は、この表の範囲しか

ないのですか？」

堀越執行役「いいえ、違います。スペースの都合上、ここでは利率４〜９％の範囲で、年数６年目までのみ表示していますが、本当はもっと幅広い利率で、年数も長い表です」

舘石課長、赤城さん「分かりました。一安心です！」

堀越執行役「**プロジェクト投資の意思決定では、プロジェクトに伴うすべての現金収入と現金支出を現在価値に換算し、現在価値ベースの現金収入が現金支出を上回るか否かを検討する手法を用います。**この手法を**現在価値法**といいます。そして、現在価値に換算することを〝**割引き**〟といいます」

舘石課長　「先ほどは、５％の利率で将来の1,000円を現在の価値に割り引きましたが、プロジェクト投資で将来の収入や支出を現在価値に割り引く際は、何％の利率を使うのですか？」

赤城さん　「会社の都合で、自由に決めていいのですか？」

堀越執行役「極端に言えば、会社が自由に決めていいのですが、通常は、会社が定める**最低投資利益率**を使用します」

舘石課長　「最低投資利益率…ですか？」

赤城さん　「それは、どういうものですか？」

堀越執行役「最低投資利益率は、**プロジェクト投資で最低限達成したいと期待している投資利益率**です。通常は、会社が利用する**資金のコスト**を最低投資利益率として用います」

舘石課長　「資金のコスト…ですか？また、初めて聞く言葉ですね？」

赤城さん　「それは、どのようなものですか？」

堀越執行役「資金のコストは、一般的には〝**資金コスト**〟と呼ばれています。これは、**株主と長期資金の貸し手である銀行等に支払う配当と利息の利率の平均**です。これらは、会社が外部の資金を使用することに対して支払う使用料の意味があります」

舘石課長　「具体例でお願いします？」

第３部　非日常的な判断・決断

赤城さん　「同感です！」

堀越執行役「例えば、株主から 10,000 円の出資を受け、15% の配当を予
　　　　　定しているとします。同時に、銀行から利率 7％で 10,000 円
　　　　　の長期資金を借りたとします。この場合の支払配当金は 1,500
　　　　　円、支払利息は 700 円になります。そして、この場合の資金
　　　　　コストは、以下の算式により 11% になります」

と言って、以下の算式を書きました。

資金コスト＝（配当 1,500＋利息 700）÷（出資 10,000＋借入 10,000）=11%

舘石課長　「なるほど、納得です！」

赤城さん　「右に同じです！」

堀越執行役「ところで、現在価値法では、2 つの大事な仮定があります」

舘石課長　「それは、何ですか？」

堀越執行役「まず、**初期投資以降の現金収入および支出のタイミング**で
　　　　　す。初期投資以降の現金収入と支出は期間を通して恒常的に
　　　　　連続して起こりますが、現在価値への割引を簡単にするため
　　　　　に、各期間の最後に起こるものとします」

舘石課長　「なるほど」

赤城さん　「もう 1 つの仮定は何ですか？」

堀越執行役「2 つ目は、**プロジェクトで生み出された現金は、割引に使用
　　　　　する利率と同じ利率で、すぐに再投資されるもの**とします」

舘石課長　「なるほど。もし、これらの条件に合致しないプロジェクト投
　　　　　資の場合は、どうするのですか？」

堀越執行役「もしこれらの仮定に合致しないプロジェクトの場合は、現在
　　　　　価値法は適用できません」

舘石課長、赤城さん「なるほど。了解です」

堀越執行役「また、**正味現金現在価値**の計算を簡単にするために、**利益に
　　　　　対する税金である法人税等は無視**します」

舘石課長　「法人税等を無視するのは良いのですが、正味現金現在価値というの何ですか？」

堀越執行役**「現在価値に換算した後のすべての現金収入と現金支出の差額**です。現金収入の現在価値が大きい場合は正味現金現在価値はプラス、小さい場合、すなわち現金支出の現在価値の方が大きい場合はマイナスと表現します」

舘石課長、赤城さん「なるほど。了解です」

堀越執行役「では次に、現在価値法による様々なプロジェクト投資の意思決定の例を見ていきましょう」

2. コスト削減のための機械化投資

堀越執行役「最初は、最低投資利益率が 18% の会社において、労務費の削減を目的に現在の手作業を機械化するか否かを検討するものです。この投資の内容はこのようなものです」

と言って、以下をリストアップしました。

- 機械の購入価額は 5,000 万円
- 機械の使用可能期間は 5 年
- 5 年経過後は、スクラップとして 300 万円で売却可能
- この機械の導入で現在の労務費の支出は年間 2,000 万円削減可能

舘石課長　「会社は、機械を導入すべきか、否か、という意思決定ですね」

赤城さん　「機械の購入金額を上回る労務費の削減効果がある場合は導入すべき、ということですね？」

第3部　非日常的な判断・決断

堀越執行役「そういうことですね。これを検討するために、以下の点を考
　　　　　　慮します」

と言って、以下をポイント・アウトしました。

- ●機械の導入による労務費の支出削減年間 2,000 万円は、現金収
　入と同じ効果がある
- ●5 年後の機械の売却収入 300 万円も現金収入である
- ●機械購入代金 5,000 万円は初期投資で、今の現金支出である
- ●現金収入の割引率は、最低投資利益率の 18% である

堀越執行役「これらに基づいて、現金収入に相当する 5 年間における労務
　　　　　　費の削減額と 5 年後の機械の売却収入を現在価値に割り引い
　　　　　　て、初期投資 5,000 万円と比較し、正味現金現在価値がプラ
　　　　　　スか否かを検討します」

舘石課長　　「なるほど」

堀越執行役「そして、これが正味現金現在価値の計算表です。この表で、
　　　　　　カッコ書きは現金支出を表しています」

と言って、以下の表を書きました。

正味現金現在価値の計算表（単位：万円）

	現在	1 年後	2 年後	3 年後	4 年後	5 年後	合　計
初期投資	(5,000)						(5,000)
労務費の削減		2,000	2,000	2,000	2,000	2,000	10,000
スクラップ売却代金						300	300
正味現金収入（支出）	(5,000)	2,000	2,000	2,000	2,000	2,300	5,300
（割引率 18% での）各年の現在価値率		0.847	0.718	0.609	0.516	0.437	
正味現金現在価値	(5,000)	1,694	1,436	1,218	1,032	1,005	1,385
				6,385			

舘石課長　　「この表は、どう見るのですか？」

堀越執行役「２段目の初期投資5,000万円は、機械購入のための現金支出です」

赤城課員　　「これは、現在価値に換算しないのですか？」

堀越執行役「機械購入代金の支払いは、今、現在の支出なので、これが現在価値になります。したがって、換算は必要ありません」

赤城さん　　「なるほど！」

堀越執行役「５年間に及ぶ年間2,000万円の労務費の削減と５年後のスクラップの売却代金300万円は現金収入になります」

舘石課長　　「これらは現在価値に割り引くのですね？」

堀越執行役「そうです。各年の正味現金収入の金額に割引率18％での現在価値率を乗じて、現在価値に割り引きます。最下段に示したように、その合計金額は6,385万円になります」

赤城さん　　「この表の割引率18％での現在価値率は、先ほどの〝１円の現在価値率〟の表から入手するのですか？」

堀越執行役「そうです」

赤城さん　　「分かりました」

舘石課長　　「この表を見ると、正味現金収入の現在価値6,385万円と初期投資5,000万円の差額1,385万円が正味現金現在価値ですね？」

堀越執行役「そうです。正味現金現在価値は1,385万円のプラスなので、〝機械化を進めるべき〟という決定論になります」

舘石課長　　「なるほど。了解です」

赤城さん　　「納得です」

第３部　非日常的な判断・決断

3. 新規事業のための投資

堀越執行役「次は、**投資を伴う新規事業を開始するか否かという意思決定**
　　　　　です。会社は、販売代理店としてあるメーカーの商品を取り
　　　　　扱うか否かを検討していると仮定します」

舘石課長　「契約の条件は、どうなっているのですか？」

堀越執行役「会社は販売代理店として、メーカーから商品を仕入れて販売
　　　　　します。契約期間は5年です。会社はマーケッティングと物
　　　　　流に責任を持ち、そのために必要な設備と運転資本に投資し
　　　　　ます」

赤城さん　「それ相応の初期投資が必要になる、ということですね？」

堀越執行役「そのとおりです。これに関連する投資と、新規事業の1年間
　　　　　の収支予想に関するデータはこのとおりです」

と言って、以下の表を書きました。

（投資に関するデータ）
設備投資金額	6,000万円
4年後の修繕費	500万円
5年後の設備の売却代	1,000万円
必要な運転資本	8,000万円

（年間の収支予想に関するデータ）
年間正味現金収入	4,000万円

（その他の条件）
・5年経過後に運転資本は解放され、他の投資に転用することができる。
・会社の最低投資利益率は14％である。

舘石課長　「先ほどの事例よりも複雑ですね？」

赤城さん　「どのような手順で検討を進めればいいのかしら？」

堀越執行役「まずこの中から、プロジェクトに係る現金支出と現金収入を
　　　　　洗い出します。次に、それが初期投資なのか、それとも将来

の収入、もしくは支出なのかを識別します」

舘石課長　「なるほど。まず設備投資金額6,000万円と4年後の修繕費500万円は現金支出ですね」

赤城さん　「必要な運転資本も現金支出だわ！」

堀越執行役「そう、このうち、設備投資と運転資本は、事業開始当初から必要になる初期投資です」

舘石課長　「他方、修繕費は4年後の支出ですね！」

赤城さん　「次は現金収入ね！」

舘石課長　「年間正味現金収入4,000万円とありますが、これはどういうものですか？」

堀越執行役「**年間正味現金収入**というのは、年間の現金収入と現金支出の差額です。年間の現金収入は収入の増加分、年間の現金支出は運営経費です」

舘石課長　「なるほど。すると、年間正味現金収入4,000万円は1年目から5年目まで、毎年発生する正味現金収入ですね！」

赤城さん　「5年後の設備の売却代1,000万円は、5年後の現金収入になりますね！」

舘石課長　「5年後に解放される運転資本8,000万円も現金収入ですね」

堀越執行役「そうですね。皆さんが洗い出してくれた現金支出と収入を一覧にして、最低投資利益率14％で現在価値に割り引くとこうなります。この表でカッコ書きのものは現金支出です」

と言って、以下の表を書きました。

第3部　非日常的な判断・決断

新規事業の正味現金現在価値（単位：万円）

	現在	1年後	2年後	3年後	4年後	5年後	合計
設備投資	(6,000)						(6,000)
運転資本	(8,000)						(8,000)
年間利益		4,000	4,000	4,000	4,000	4,000	20,000
修繕費					(500)		(500)
設備の売却代						1,000	1,000
運転資本解放						8,000	8,000
正味現金収入	(14,000)	4,000	4,000	4,000	3,500	13,000	14,500
現在価値率 （割引14%）		0.88	0.77	0.68	0.59	0.52	
正味現金 現在価値	(14,000)	3,520	3,080	2,720	2,065	6,760	4,145
				18,145			

舘石課長 「設備投資と運転資本の初期投資合計 14,000 万円と、初期投資以降の正味現金収入の現在価値 18,145 万円との差額が正味現金現在価値で、4,145 万円のプラスになります」

赤城さん 「つまり、会社はこの事業を始めることによって現金を増やすことができるということですね。だから、新規事業を開始するべきですね？」

堀越執行役 「そうですね。そのような決定がなされるでしょうね！」

4. 収入がない投資の選択

堀越執行役 「これまでの 2 つは、正味現金現在価値がプラスか否かを判定する、いわゆる選別のための意思決定でした。ここからは、**複数の投資案件に順位をつけて、最も多くの利益をもたらす投資を 1 つ選択する意思決定**を取り上げます」

舘石課長　「了解です」

赤城さん　「よろしく願いします」

堀越執行役「最初は、比較的単純な、**現金収入がない案件の選択**を取り上げます」

舘石課長　「現金収入がないのですか？現金収入がないのに〝最も多くの利益をもたらす投資を選択する〟というのは、どういうことなのですか？」

赤城さん　「どのような事例が該当しますか？」

堀越執行役「例えば、車を購入するかリースにするかとか、今の機械をオーバーホールして使い続けるか買い替えるかという意思決定では、コストをベースにして意思決定を行います。これらの意思決定では、現在価値ベースで最もコストが少ない案を選択することになります」

舘石課長　「なるほど！」

赤城さん　「了解です」

堀越執行役「今、会社は現在使用している機械をオーバーホールして使い続けるか、新しい機械に買い替えるかを検討していると仮定します。その場合にかかるコストのデータがこれです」

と言って、以下の表を書きました。

オーバーホール案と買替え案のコスト・データ（単位：万円）

	オーバーホール案	買替え案
新しい機械の購入金額		3,000
中古品の売却代		300
今の機械のオーバーホール代	400	
６年後のスクラップ売却代	0	500
年間の運転経費	1,500	600
使用可能期間	もう６年	６年

第３部　非日常的な判断・決断

舘石課長　「オーバーホール案と買替え案の現金支出の現在価値を比較するのですね？」

赤城さん　「でも、買替え案には中古品の売却代 300 万円や、6 年後のスクラップ売却代 500 万円という現金収入がありますね？」

堀越執行役「そうですね、少し複雑ですね。それはあとで 検討するとして、とりあえず、オーバーホール案の現金支出の現在価値を計算してみましょう。この会社の最低投資利益率は 10% なので、これを**割引率**として使用します」

舘石課長　「今、オーバーホールを実施すると 400 万円の現金支出がありますね。これが初期投資ですね！」

赤城さん　「年間 1,500 万円の運転経費も現金支出です。これは 1 年目から 6 年目まで、毎年発生します」

堀越執行役「そうですね。すると、オーバーホールの場合の現金支出の現在価値は、このようになりますね」

と言って、以下の表を書きました。

オーバーホール案のコストの現在価値（単位：万円）

	現在	1 年後	2 年後	3 年後	4 年後	5 年後	6 年後	合計
オーバーホール代	(400)							(400)
年間運転経費		(1,500)	(1,500)	(1,500)	(1,500)	(1,500)	(1,500)	(9,000)
6 年後のスクラップ売却代					0			
現金支出合計	(400)	(1,500)	(1,500)	(1,500)	(1,500)	(1,500)	(1,500)	(9,400)
現在価値率（割引率10%）		0.91	0.83	0.75	0.68	0.62	0.56	
現在価値	(400)	(1,360)	(1,250)	(1,120)	(1,020)	(930)	（840）	(6,920)

舘石課長　「これによると、オーバーホール案の現金支出の現在価値は 6,920 万円になります」

赤城さん　「買替え案の方は、どうなるのかしら？」

堀越執行役「買替え案の中にある〝中古品の売却代〟300万円というのは、買替えにより不要になる現在使用中の機械の中古品としての売却代金です。これは今の現金収入ですので、今の現金支出である新しい機械の購入代金3,000万円から**控除**します」

舘石課長「なるほど！」

赤城さん「了解です」

堀越執行役「また、〝6年後のスクラップ売却代〟500万円は、新しい機械を6年間使用した後に中古品として売却する場合の価値です。したがって、これは6年後の現金収入になるので、6年後の年間運転経費と**相殺**します」

舘石課長「年間運転経費600万円は、1年目から6年目まで、毎年発生するのですね」

堀越執行役「そうですね。以上をまとめると、買替えの場合の現金支出の現在価値は、このようになりますね」

と言って、以下の表を書きました。

買替え案のコストの現在価値（単位：万円）

	現在	1年後	2年後	3年後	4年後	5年後	6年後	合計
購入金額	(3,000)							(3,000)
中古品売却代	300							300
年間運転経費		(600)	(600)	(600)	(600)	(600)	(600)	(3,600)
6年後のスクラップ売却代							500	500
支出合計	(2,700)	(600)	(600)	(600)	(600)	(600)	(100)	(5,800)
現在価値率（割引率10%）		0.91	0.83	0.75	0.68	0.62	0.56	
現在価値	(2,700)	(546)	(498)	(450)	(408)	(372)	(56)	(5,030)

舘石課長「これによると、買替え案の現金支出の現在価値は5,030万円ですね」

赤城さん「この現金支出の現在価値は、オーバーホール案の6,920万円

第3部　非日常的な判断・決断

より少ないので、オーバーホールするよりも買い替えた方が会社の現金支出は少なくて済む、つまり利益は大きくなるという結論になりますよね？」

堀越執行役「そういうことですね！」

5. 設備の取替え投資の選択

堀越執行役「次も設備の取替えに関する２つの事案から、より利益が大きくなる案を選択する意思決定です。ただし、営業に伴う毎年の現金収入と現金支出があり、少々複雑になります」

赤城さん「了解です」

舘石課長「望むところです！」

堀越執行役「最低投資利益率が14%のフェリー運行会社は、既存のフェリーを改装して使い続けるか、新しいフェリーに取り替えるかを検討していると仮定します。改装するにしろ、取り替えるにしろ、フェリーの使用可能期間は５年です。そして、改装案と取替え案に関するコスト・データは、このようになっています」

と言って、以下の表をホワイトボードに書きました。

フェリーの改装案と取替え案のコスト・データ（単位：百万円）

	改装案	取替え案
改装費、もしくは購入金額	200	360
既存フェリーの売却代金		60
使用可能期間	もう５年	５年
３年後の修繕費	50	20
５年後の中古品売却代	0	60
年間売上による現金収入	450	450
年間運営経費の現金支出	350	260

舘石課長	「どちらが会社により多くの正味現金現在価値をもたらすかどうかを比較するには、改装案、取替え案について、まず現金支出と現金収入を洗い出して、それらの発生年度を識別する必要がありますね」
赤城さん	「さっそく始めましょう！」
舘石課長	「まず、改装案から始めましょう。改装費200百万円は、現在の現金支出だ。3年後の修繕費50百万円も現金支出だ」
赤城さん	「年間運営経費の現金支出350百万円は、毎年発生する現金支出ですね。他方、年間売上による現金収入450百万円は、毎年発生する現金収入になります」
堀越執行役	「そうですね。以上をまとめ、改装案の正味現金現在価値を計算すると、このようになります」

と言って、以下の表を書きました。

改装案の正味現金現在価値（単位：百万円）

	現在	1年後	2年後	3年後	4年後	5年後	合 計
改装費	(200)						(200)
年間売上高		450	450	450	450	450	2,250
年間営業経費		(350)	(350)	(350)	(350)	(350)	(1,750)
3年後の修繕費				(50)			(50)
5年後の中古品売却代						0	0
正味現金収入	(200)	100	100	50	100	100	250
現在価値率（割引率14%）		0.88	0.77	0.68	0.59	0.52	
正味現金現在価値	(200)	88	77	34	59	52	110

舘石課長	「改装案の正味現金現在価値は110百万円のプラスですね」
赤城さん	「取替え案はどうかしら？購入金額360百万円は今の、修繕費20百万円は3年後の、年間運営経費の現金支出260百万円は毎年発生する現金支出だわ」
舘石課長	「取替えで不要になる既存フェリーの売却代金60百万円は今

第3部 非日常的な判断・決断

の現金収入だから、新しいフェリーの購入代金360百万円から控除します。そして中古品売却代60百万円は5年後の、年間売上による現金収入は、毎年発生する現金収入ですね」

赤城さん 「そうですね。皆さん、すっかり、慣れましたね。以上をまとめ、取替え案の正味現金現在価値を計算すると、このようになります」

と言って、以下の表を書きました。

取替え案の正味現金現在価値（単位：百万円）

	現在	1年後	2年後	3年後	4年後	5年後	合　計
購入金額	(360)						(360)
既存フェリーの売却代	60						60
年間売上高		450	450	450	450	450	2,250
年間営業経費		(260)	(260)	(260)	(260)	(260)	(1,300)
3年後の修繕費				(20)			(20)
5年後の中古品売却代						60	60
正味現金収入	(300)	190	190	170	190	250	690
現在価値率（割引率14%）		0.88	0.77	0.68	0.59	0.52	
正味現金現在価値	(300)	167	146	116	112	130	371

舘石課長 「取替え案の正味現金現在価値は、371百万円ですね」

赤城さん 「この正味現金現在価値は改装案の110百万円より大きいので、取替え案がより大きな現金収入もたらすということですね？」

堀越執行役 「そのとおりです。この例では、経営者は取替え案を選択するでしょうね」

6. 資金に制約が　　　ある場合の選択

・・・

堀越執行役「いよいよ、最後の事例です。この事例は、これまでの事例と留意点が違いますので、注意してください」

舘石課長　「えっ、どう違うのですか？」

堀越執行役「これまで見てきたように、プロジェクトの正味現金現在価値がプラスである投資案件が複数ある場合は、各投資案件は正味現金現在価値の大きさでランク付けします。そしてその金額が最も大きい案を選択します」

舘石課長　「そうでしたね！」

赤城さん　「そう、そう！」

堀越執行役「ところが、投資金額が大きくなればなるほど、正味現金現在価値の額も多くなるのが普通です。したがって、初期投資金額が異なるプロジェクトを正味現金現在価値の大きさで比較してランク付けするのは意味がありません」

舘石課長　「なるほど！」

赤城さん　「具体的には、どのようなことなのでしょうか？」

堀越執行役「これは、投資の金額が異なるプロジェクトＡとプロジェクトＢの正味現金現在価値を比較したものです」

と言って、以下の表を書きました。

投資金額が異なるプロジェクトの正味現金現在価値（単位：万円）

	プロジェクトA	プロジェクトB
プロジェクトに要する投資額	10,000	4,000
正味現金収入の現在価値	14,000	6,000
正味現金現在価値	4,000	2,000

第３部　非日常的な判断・決断

堀越執行役「この表では、プロジェクト A の正味現金現在価値 4,000 万円
　　　　　　はプロジェクト B の 2,000 万円よりも大きいのですが、会社
　　　　　　に 10,000 万円の投資をするだけの資金的な余裕がない場合は
　　　　　　プロジェクト A は必ずしも最適な選択肢とは言えません」

舘石課長　「正味現金現在価値が大きくなるのが分かっていながら、
　　　　　　10,000 万円の投資を諦めなければならないということですね？」

赤城さん　「何か、もったいないような気がしますね！」

堀越執行役「でも資金に余裕がなければ仕方ないですよね。このように、
　　　　　　投資に使用できる資金に制約がある場合は、正味現金現在価
　　　　　　値の大きさに換えて〝**プロジェクト収益性指標**〟を使用して
　　　　　　投資案件のランク付けをする方法があります」

舘石課長　「プロジェクト収益性指標…ですか？」

赤城さん　「それは、どのようなものですか？」

堀越執行役「プロジェクト収益性指標は、プロジェクトに要する投資額に
　　　　　　対する正味現金現在価値の大きさを示すもので、この算式で
　　　　　　表されます」

と言って、以下の算式を書きました。

$$\frac{\text{正味現金現在価値}}{\text{プロジェクトに要する投資額}}$$

舘石課長　「プロジェクトに要する投資額は、これまで議論してきたもの
　　　　　　と同じものですか？」

赤城さん　「つまり、プロジェクトの初期投資額から不要になる既存の設
　　　　　　備等の売却により得られる現金収入を控除し、プロジェクト
　　　　　　に伴って増加する運転資本を加えたもの、ということでよろ
　　　　　　しいのですか？」

堀越執行役「そのとおりです。そして、プロジェクト収益性指標を使用す

る場合のランク付けは **"収益性指標の高いプロジェクトがより望ましいプロジェクト"** というルールになります」

舘石課長 「なるほど」

赤城さん 「すると、先ほどのプロジェクトAとプロジェクトBのケースはどうなりますか？」

堀越執行役「これがプロジェクトAとプロジェクトBの収益性指標を比較したものです」

と言って、以下の表を書きました。

プロジェクト収益性指標の比較（単位：万円）

	プロジェクトA	プロジェクトB
プロジェクトに要する投資額（1）	10,000	4,000
正味現金収入の現在価値	14,000	6,000
正味現金現在価値 （2）	4,000	2000
プロジェクト収益性指標（2）÷（1）	40%	50%

舘石課長 「この比較では、プロジェクトAの収益性指標は40%、プロジェクトBの収益性指標は50%で、プロジェクトBの方が高い収益性指標を示していますね」

赤城さん 「ということは、プロジェクトAよりもプロジェクトBの方がより望ましい投資という結論になりますね？」

堀越執行役「そうですね、それでいいのです。この収益性指標の比較による投資案件の選択は、前章の"5.どの商品を優先するかの決定"でとりあげたリソースに制約がある場合と同じ概念に基づくものです」

舘石課長 「なるほど！」

赤城さん 「納得です！」

第3部 非日常的な判断・決断

7. 回収期間法

堀越執行役 「前項までは、現在価値法によるプロジェクト投資の意思決定
　　　　　　について見てきましたが、次は**回収期間法**を取り上げます」

舘石課長　　「回収期間法ですか……？」

赤城さん　　「それは、どのような方法ですか？」

堀越執行役 「回収期間法は、**プロジェクトの初期投資に要した現金支出を
　　　　　　プロジェクトからもたらされる現金収入が回収する期間の長
　　　　　　さを比較する方法**です」

舘石課長　　「その期間の長さは、どのようにして測るのですか？」

赤城さん　　「算式で表すことができますか？」

堀越執行役 「もちろんです。回収期間の長さは、この算式で表されます」
と言って、以下の算式を書きました。

$$\frac{初期投資額}{年間の正味現金収入}$$

堀越執行役 「新しいプロジェクト投資が既存の設備を取り替えるものであ
　　　　　　る場合は、新しい設備の初期投資額から既存の不要設備の売
　　　　　　却代金を控除します」

舘石課長　　「年間の正味現金収入というのは、年間の現金収入と現金支出
　　　　　　の差額ということでいいのでしょうか？」

赤城さん　　「それは、現在価値に換算したものですか？」

堀越執行役 「**年間の正味現金収入は、プロジェクトによってもたらされる
　　　　　　現金収入、例えば販売収入から、初期投資の後に発生する現
　　　　　　金支出、例えば修繕・維持費、ランニング・コストなどを控
　　　　　　除した金額で、現在価値に換算しないものです**」

舘石課長　　「回収期間法では、この算式で求められた回収期間の長短で投

資を選択するということですか？」

赤城さん 「その場合の選択のルールは、どうなるのですか？」」

堀越執行役 「回収期間法で投資案件を選択する際の基本的な考えは **〝より早く投資金額を回収するプロジェクトがより望ましい投資である〟** というルールになります」

舘石課長 「具体例を示していただけませんか？」

堀越執行役 「いいでしょう。今、会社は運営経費を抑えるために業務の一部を機械化する案を検討していると仮定します。候補は機械Ａと機械Ｂです」

赤城さん 「その機械Ａと機械Ｂは、どのような仕様なのでしょうか？」

堀越執行役 「機械Ａの購入金額は 200 万円で使用可能期間は 10 年、機械Ｂの購入金額は 125 万円で使用可能期間は５年です。どちらの機械も、年間５万円の運転経費が掛かる一方、年間 30 万円の運営経費を削減します」

舘石課長 「回収期間法を使用して評価する場合、どちらの機械を購入するのが望ましいのかな？」

赤城さん 「回収期間法は、プロジェクトの初期投資に要した金額をプロジェクトからもたらされる年間の正味現金収入が回収するまでの期間の長さだから、この期間を計算するには、機械Ａと機械Ｂの初期投資額、年間の現金収入と現金支出の金額が必要ですね？」

堀越執行役 「すでに述べたように、現金の収支という観点では支出の減少は収入の増加と同じ意味を持つので、年間 30 万円の運営経費の削減は現金収入に該当します」

舘石課長 「年間の運転経費５万円は現金支出だから、機械Ａと機械Ｂとも年間正味現金収入は 25 万円になりますね！」

赤城さん 「機械Ａの初期投資は購入金額の 200 万円、機械Ｂの初期投資は購入金額の 125 万円だから、これを正味現金収入で割る

第３部 非日常的な判断・決断

と、回収期間はこうなりますね？」

と言って、次の算式を書きました。

機械Ａ　2,000,000円 ÷ 250,000円 ＝ 8年
機械Ｂ　1,250,000円 ÷ 250,000円 ＝ 5年

舘石課長　「これを見ると、機械Ｂの回収期間5年は機械Ａの回収期間
　　　　　8年よりも短いですね！」

赤城さん　「回収期間法で投資案件を選択する際のランク付けは〝より早
　　　　　く投資金額を回収するプロジェクトがより望ましい〟という
　　　　　ルールだから、機械Ｂがより望ましい投資ということになり
　　　　　ますね？」

堀越執行役「そのとおりですね」

堀越執行役「ところが、この回収期間法には欠点もあります」

舘石課長　「どのような欠点でしょうか？」

堀越執行役「まず第1に、回収期間法は現金の時間価値を取り入れていま
　　　　　せん。今の1万円と将来の1万円を同じ価値のものとして扱っ
　　　　　ています」

舘石課長　「なるほど、そのとおりですね！」

堀越執行役「次に、回収期間の短い投資が他の投資よりも収益性が高いと
　　　　　は限らないということです」

赤城さん　「えっ、どういうことでしょうか？」

堀越執行役「この事例では、機械Ａの使用可能期間は10年で、機械Ｂは
　　　　　5年です」

舘石課長　「そうでしたね」

赤城さん　「ということは…」

堀越執行役「10年間で見ると、機械Ａは一度200万円を支出すれば足り

ますが、機械Bは二度125万円を支出する必要があります。すると、機械Bの10年間での合計支出金額は250万円になります。つまり、同じ額の年間正味現金収入をもたらすのに、10年間で見ると機械Bは機械Aよりも50万円高額になるのです」

舘石課長　「なるほど。納得です」

赤城さん　「このような欠点があるにもかかわらず、回収期間法は使われているわけですよね？その理由は何ですか？」

堀越執行役「まず、会社に資金的な余裕がない場合は、投資金額を早期に回収できるのはありがたいことです。これが回収期間法が好まれる第1の点です」

舘石課長　「他にもあるのですか？」

堀越執行役「頻繁に新商品が開発される家電商品や半導体事業などのように、商品の陳腐化が激しく投資資金の回収期間が極端に短い業種では回収期間法が好んで使われています」

舘石課長　「なるほど！」

堀越執行役「また、事業環境が急変し、地元政府によって生産設備が摂取されて生産活動が中止に追い込まれることがある発展途上国での事業の場合にも、投資案件の選別や選択に回収期間法が頻繁に使われます」

舘石課長、赤城さん「なるほど、納得です」

堀越執行役「もう1つ、注意点があります。プロジェクトからもたらされる正味現金収入を損益計算書の利益の額から計算する場合、**プロジェクト投資で取得した設備等の減価償却費を利益の額に逆加算する必要があります**」

舘石課長　「なぜですか？」

堀越執行役「損益計算書の利益の額を計算する際は、投資で取得した設備

第3部　非日常的な判断・決断

の減価償却費を控除します。しかし、この減価償却費は設備の購入金額の期間配分額であって、現金の支出ではないからです」

舘石課長 「なるほど。納得です！」

赤城さん 「了解しました！」

（付属解説）

1. 投資利益率法

投資プロジェクトの評価方法には、**現在価値法**と**回収期間法**に加え、**投資利益率法**があります。

投資利益率法は新しいプロジェクトがもたらす投資利益率でプロジェクトを評価する方法です。

①投資利益率の計算

新しいプロジェクトがもたらす投資利益率は以下の算式で計算します。

$$\frac{\text{新しいプロジェクトがもたらす営業利益}}{\text{プロジェクトの新規投資}}$$

新しいプロジェクトがもたらす営業利益は、財務会計の損益計算書から入手します。したがって、この営業利益は、新規投資に伴う設備の減価償却費を控除した後の利益です。

繰返しになりますが、もし新規投資に伴って売却する古い設備がある場合、その売却代金はプロジェクトの新規投資の金額から控除します。

②投資利益率法の活用

投資利益率法は現金の収支ではなく、会計上の利益に焦点を当てています。そのため、持続的な営業利益がないと、毎年の投資利益率は変動します。また、現金の時間価値を考慮しないので、現在の1万円と10年後の1万円は同じ価値を持つものとして扱われます。

それにもかかわらず、投資利益率は多くの会社で、特に業績が投資利益率（ROI）で評価される事業部門のマネジャーに好んで使用

第3部　非日常的な判断・決断

されています。

　例えば、管理責任を有している事業部門の投資利益率（ROI）が
20％を達成しているマネジャーは、投資利益率が 20％を超える
プロジェクトのみを遂行し、それ以下の投資利益率のプロジェクト
は、たとえ正味現金現在価値がプラスでも、却下すると考えられます。

2. 投資の評価方法

　本章で取り上げたように、プロジェクト投資の意思決定に使用さ
れる評価方法には現在価値法、回収期間法、投資利益率法があります。

　これらは現金の収支と時間価値を考慮するか否かにより、以下の
ような違いがあります。

評価方法	評価の焦点		現金の時間価値の考慮
	現金の収支	利益の増加	
現在価値法	✓		✓
回収期間法	✓		
投資利益率法		✓	

※ ✓は該当あり。

第4部

資金計画と管理

いくら必要
なのかな〜
に応える

第13章
現金収支予算による
資金計画

　目標利益を達成するための販売数量の予測に基づいて、商品の売上、仕入、販売および管理活動、現金収支の予算を作ることができます。

　この予算は、会社が活動する上で関係する現金、売掛金や買掛金、商品、借入金、売上高、売上原価、販売費および管理費、支払利息などの金額で表示します。

　経営者の仕事で最も重要なのは、資金の管理ともいわれます。本章で取上げる**現金収支予算は、資金の調達が必要になる時期や金額の情報を経営者へ提供します。**

　　旭精密機械株式会社の経営企画部では、**来期の現金収支予算を編成しています。**責任者は執行役兼経営企画部長の**堀越めぐみさ**んです。実務は、昨年に**堀越執行役**と一緒に予算を作った経営企画課長の**寒川道子さん**と、経営企画課員の**西野美織さん**が担当します。西野さんは、数字の強さを見込まれ、この春、営業課から経営企画課に異動してきました。

堀越めぐみ　　寒川道子　西野美織

堀越執行役「**今期の目標利益は３億５千万円**、これを達成するための**売上高は18億７千５百万円**です。そして**来期の目標利益は５億円**です。来期には固定費が１億円増えると予想されるから、目標利益を達成する**売上高は25億円**になるわ」

寒川課長　「そのための現金収支予算を作るということですね」

堀越執行役「そうです。商品の製造原価とその支払いのための予算は生産部が作ることになっているので、それ以外をカバーする予算を作ることになります。商品は工場から購入するとみなして、仕入予算を作ってください。」

西野さん　「もし、販売代金の回収額が工場への代金支払いや販売費・管理費の支払いに必要な資金を賄いきれない場合は、どうするのですか？」

堀越執行役「取引銀行から一時的に借入をする、その借入には年4％の利息が付くと仮定して予算を作ってください」

寒川課長　「すると、年間の売上目標25億円の内、何月にいくら売り上げ、その代金をいつ回収するのかを見積もる必要がありますね」

西野さん　「同時に、何月に工場から商品をいくら購入し、その代金をいつ支払うのかを見積もる必要もありますね！」

寒川課長　「販売費や管理費が、何月にいくら必要で、それをいつ支払うかも見積もる必要があるわ」

堀越執行役「そういうことです。ただし、売上や仕入、代金の回収や支払いは四半期ごとの見積もりでいいわ。また、予算の作成に必要な期首の貸借対照表は、明日の朝、経理課から届くことになっているわ」

寒川課長　「明日の朝ですか？」

堀越執行役「そう。様々な情報を収集しなければならないから、結構な〝力仕事〟になるわよ。寒川さん、西野さんと協力して現金収支予算の編成をお願いね！」

寒川課長　「分かりました。ところで執行役、いつまでにやればよいですか？」

堀越執行役「来週の金曜日までにできるかしら？」

寒川課長　「大丈夫です。任せてください」

1. 作成手順

堀越執行役が退室した後、さっそく作業を開始した**寒川課長**と**西野課員**です。
寒川課長が現金収支予算の作り方について、西野課員に説明中です。

寒川道子

西野美織

西野さん「現金収支予算って何を表示するのですか？」

寒川課長「現金収支予算は現金収入と現金支出、そして現金の過不足の状況を表示するのよ。これが明らかになれば、事前に、余裕をもって取引銀行と借入の交渉を進めることができるようになるわ」

西野さん「そうですか。ところで現金収支予算は、どのようにして作るのですか？」

寒川課長「現金収支予算を作るには、まず、目標利益を達成するために必要な商品の販売数量の目標を立てるのよ」

西野さん「来期の目標営業利益は5億円で、これを達成するための売上高は25億円、商品の**平均販売単価は250万円**だから、商品の**目標販売数量は1,000台**になります」

寒川課長「そうね。この販売数量に基づいて、売上高および回収額に関する**販売予算**、仕入数量と仕入額および支払額に関する**仕入予算**、販売・管理活動用の物品やサービスの購入と支払額に関する**販売管理費予算**、そして最終的に現金収支に関する**現金収支予算**を作成するのよ」

西野さん「ひぇ～、ものすごい量ですね！」

寒川課長「4つの予算の関係を一覧にすると、このようになるわ」
と言って、下記の図をホワイトボードに書きました。

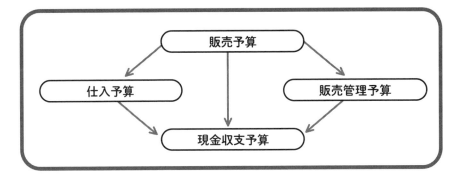

寒川課長「このように、販売予算がすべての予算の出発点になるのよ。そして、最終的に現金収支予算をつくるの」

西野さん「予算は四半期ごとに作るわけだから、最初に、**目標販売数量1,000台を四半期ごとの販売見込数量に割り振る**必要がありますね」

寒川課長「そうね。でもそれだけじゃないわ。予算を作るには様々な仮定が必要よ」

西野さん「どんな仮定が必要なのですか？皆目見当がつきませんが！」

寒川課長「大丈夫よ、予算作成に必要な仮定のリストがあるから、明日持ってくるわ。それに従って必要な仮定を作ればいいのよ」

西野さん「ほんとですか？助かります。ところで、その仮定は適当でいいのですか？」

寒川課長「とんでもない。この仮定は架空のものではなく、過去の経験と来期の活動予想を基にして作らなければ意味がないわ」

西野さん「じゃあ、**会社の活動実績**と**来期の活動予想**が必要ということですね？」

寒川課長「そうね、去年、私が作ったものがあるから、それを参考にするといいわよ」

西野さん「うわぁ、ありがとうございます。助かります。正直いって、どうしようかと思っていたところです」

第4部 資金計画と管理

寒川課長「それともう1つ、**期首の貸借対照表**が必要になるわ。これは〝経理課が明日の朝までに届けてくれる〟って、執行役が言っていたわね」

西野さん「そうでしたね！」

寒川課長「それと各予算を作るためのテンプレートもあるから、一緒に持ってくるわ。それを埋めれば、各予算は作れるようになっているわ」

西野さん「重ね重ね、ありがとうございます。よろしくお願いします」

寒川課長「じゃ、明日から頑張りましょう。10時に、この会議室に集合でいいわね」

西野さん「はい、了解です」

2. 販売予算

··

次の日の朝、午前10の会議室です。

寒川課長「今朝、経理課から届いた来期首の**予想貸借対照表**よ」と言って以下の表を示しました。

来期首予想貸借対照表（単位：百万円）

（資産の部）		（負債の部）	
（流動資産）		（流動負債）	
現　　金	150	買　掛　金	200
売　掛　金	120	流動負債合計	200
商　品（10台）	13		
流動資産合計	283		
（固定資産）		（純資産の部）	
設備及び備品	4,100	資　本　金	2,000
減価償却累計額	(2,003)	繰越利益剰余金	180
固定資産合計	2,097	純資産合計	2,180
資産合計	2,380	負債・純資産合計	2,380

寒川課長「この中のいくつかの数値、例えば現金、売掛金、商品、買掛
　　　　　金などは来期の予算の作成に必要な情報よ」

西野さん「へぇ、そうなんですか！」

寒川課長「それから、これが予算作成に必要な仮定のリストよ。予算ご
　　　　　とに仮定する項目が書いてあるわ」

西野さん「このリストにある項目について、**過去の会社の活動**と**来期の
　　　　　活動予想**に基づいて、仮定を作るのでしたね」

寒川課長「そうよ、じゃあ、さっそく**販売予算**から始めましょうか？」

西野さん「はい」

寒川課長「これが販売予算のテンプレートよ」

と言って、次の表をパワーポイントでホワイトボードに写しました。

販 売 予 算 (単位：百万円)

売　　上　　高					
	第1四半期	第2四半期	第3四半期	第4四半期	年間合計
販売数量					
販売単価					
売上高					
現　金　回　収　金　額					
期首売掛金					
第1四半期					
第2四半期					
第3四半期					
第4四半期					
回収額合計					

　寒川課長から受取った仮定のリストに基づいて、西野さんが設定した販
売予算に係る「仮定」は以下のとおりです。

第４部　資金計画と管理

- 予想販売数量：第1四半期100台、第2四半期400台、第3四半期300台、第4四半期200台、年間合計1,000台
- 平均販売単価：2.5百万円
- 販売した四半期中に現金を回収する割合：80%
- 販売した翌四半期に現金を回収する割合：20%

寒川課長「販売予算のテンプレートは上半分が売上高、下半分が現金回収金額の予算になっているわ」

西野さん「そうですね。これをどう使うのですか？」

寒川課長「まず、西野さんが作った仮定に基づいて各四半期の販売数量のコラムを埋めるのよ。それに仮定した販売単価2.5百万円を乗じたものが各四半期の売上高になるわ」

西野さん「第1四半期の販売数量は100台だから、売上高は250百万円ですね」

と言って西野さんが作ったのが次の表です。

販売予算（単位：百万円）

売上高					
	第1四半期	第2四半期	第3四半期	第4四半期	年間合計
販売数量	100台	400台	300台	200台	1,000台
販売単価	2.5				
売上高	250				

寒川課長「このうち80%の200百万円は第1四半期に回収され、残り20%の50百万円は第2四半期に回収されるわ」

と言って、寒川課長は現金回収金額のコラムを埋めます。

販 売 予 算 （単位：百万円）

売 上 高					
	第1四半期	第2四半期	第3四半期	第4四半期	年間合計
販売数量	100 台				
販売単価	2.5				
売上高	250				
	80%	20%			
現 金 回 収 金 額					
期首売掛金	120				
第1四半期	200	50			
第2四半期					
回収額合計	320				

西野さん「期首売掛金120百万円って何ですか？」

寒川課長「来期首予想貸借対照表にある売掛金120百万円よ。これは、前年、すなわち今期の第4四半期の販売代金のうち未回収だったもので、来期の第1四半期中に回収されるものよ」

西野さん「なるほど」

寒川課長「これと同じ要領で第2四半期以降の売上高と回収額のコラムを埋めていくのよ」

西野さん「分かりました」

と言って西野さんが完成させたのが以下の販売予算の表です。

第4部 資金計画と管理

販 売 予 算 （単位：百万円）

売 上 高					
	第1四半期	第2四半期	第3四半期	第4四半期	年間合計
販売数量	100 台	400 台	300 台	200 台	1,000 台
販売単価	2.5	2.5	2.5	2.5	
売上高	250	1,000	750	500	2,500
	80%	20%			
現 金 回 収 金 額					
期首売掛金	120				120
第1四半期	200	50			250
第2四半期		800	200		1,000
第3四半期			600	150	750
第4四半期				400	400
回収額合計	320	850	800	550	2,520

寒川課長 「この販売予算の最下段の現金の回収額合計は現金収支予算に
　　　　　反映されのよ」

西野さん 「最下段の数字が大事なんですね」

寒川課長 「そうよ。各四半期において回収される販売代金の金額が重要
　　　　　なのよ」

3. 仕入予算

　営業部は、販売する商品を工場から購入し、代金を支払うものとみなし
ます。これに関する**仕入予算は販売予算に基づいて作成します。**

寒川課長 「次は、仕入予算ね」

西野さん 「はい」

寒川課長 「これが仕入予算のテンプレートよ」
と言って、次の表をパワーポイントでホワイトボードに写しました。

仕 入 予 算 （単位：百万円）

	第1四半期	第2四半期	第3四半期	第4四半期	年間合計
仕　入　高					
販売数量					
期末在庫数					
合　計					
期首在庫数					
仕入必要量					
仕入単価					
仕　入　高					
現 金 支 払 金 額					
期首買掛金					
第1四半期					
第2四半期					
第3四半期					
第4四半期					
支払額合計					

　そして、仕入予算作成のために西野さんが設定した「仮定」は以下のと
おりです。

- ●商品期末手持残高：翌四半期の販売数量の 10％
- ●平均仕入単価：120 万円
- ●仕入れた四半期中に現金を支払う割合：70％
- ●仕入れた翌四半期に現金を支払う割合：30％

寒川課長「仕入予算のテンプレートは上半分が仕入高、下半分が現金支
　　　　払金額の予算になっているわ」

西野さん「これはどう使うのですか？」

寒川課長「仕入予算を作るには、まず、各四半期に仕入れなければなら

第4部　資金計画と管理

ない商品数量、すなわち、**仕入必要量を見積もります**」

西野さん「どのようにして見積もるのですか？」

寒川課長「各四半期の仕入必要量は各四半期の販売数量に、期末に手持する在庫数量、つまり期末在庫数を加え、期首に手持ちの在庫数量、つまり期首在庫数を控除して計算するのよ」

西野さん「各期の販売数量は販売予算から得られますね。期末在庫数は、仮定から、翌四半期の販売量の 10％ ですね」

寒川課長「そのとおり。この期末在庫数は次の四半期の期首在庫数になるわ」

西野さん「ところで、**期首在庫数を控除するのは何故ですか？**」

寒川課長「期首在庫数はそのまま期中に販売することができるので、その分は期中に仕入れる必要はないわ。そこで、仕入必要量を計算する際に控除するのよ」

西野さん「なるほど」

寒川課長「第1四半期の販売数量は 100 台で、期末在庫数は第2四半期の販売数量 400 台の 10％ の 40 台だから、合計 140 台ね。それから第1四半期の期首在庫数 10 台を控除するのよ」

西野さん「すると第1四半期の仕入必要量は 130 台になりますね」

と言って西野さんが作ったのが、次の表です。

仕 入 予 算（単位：百万円）

	第1四半期	第2四半期	第3四半期	第4四半期	年間合計
仕　入　高					
販売数量（台）	100	400	300	200	1,000
期末在庫数（台）	40				
合　　計	140				
期首在庫数（台）	(10)	(40)			
仕入必要量（台）	130				
仕入単価					
仕　入　高					

西野さん 「ところで、第1四半期の期首在庫数 10 台というのは何ですか?」

寒川課長 「前年、すなわち今期の第4四半期の期末在庫数よ。この分は来期の第1四半期中に販売することができるのよ」

西野さん 「なるほど。これはどのようにして入手するのですか」

寒川課長 「来期首の予想貸借対照表からよ」

西野さん 「なるほど、分かりました」

寒川課長 「次は、第1四半期の**仕入高の計算**ね。各四半期の仕入高は、先ほどの仕入必要量に西野さんの仮定で示された仕入単価 1.2 百万円を乗じたものになるわ」

西野さん 「この計算は簡単ですね」

と言って西野さんが作ったのが次の表です。

仕 入 予 算 (単位：百万円)

	\multicolumn{5}{c}{仕 入 高}
	第1四半期	第2四半期	第3四半期	第4四半期	年間合計
販売数量 （台）	100	400			
期末在庫数 （台）	40	10%			
合 計	140				
期首在庫数 （台）	(10)	(40)			
仕入必要量 （台）	130				
仕入単価	1.2				
仕 入 高	156				

寒川課長 「次は**現金支払金額の計算**ね」

西野さん 「はい」

寒川課長 「西野さんの仮定により、第1四半期の仕入高 156 百万円のうち 70% の 109.2 百万円は第1四半期中に支払われ、残り 30% の 46.8 百万円は第2四半期に支払われるから、こうなるわね」

と言って寒川課長が作ったのが次の表です。

第4部 資金計画と管理

仕 入 予 算（単位：百万円）

仕　入　高					
	第1四半期	第2四半期	第3四半期	第4四半期	年間合計
仕　入　高	156				
	70%	30%			
現　金　支　払　金　額					
期首買掛金	200				
第1四半期	109.2	46.8			
第2四半期					
支払額合計	309.2				

西野さん「第1四半期の期首買掛金 200 百万円はなんですか？」

寒川課長「これは、前年、つまり今期の第4四半期の仕入代金のうち、未払いであったものよ。これは、来期の第1四半期に支払われるわ」

西野さん「この金額はどうやって入手するんですか？」

寒川課長「これも来期首の予想貸借対照表からよ」

西野さん「了解です」

寒川課長「第2四半期以降も同じ要領で仕入必要量と仕入高、現金支払金額を計算するのよ」

西野さん「分かりました。ところで第4四半期の期末在庫数は、どのようにして計算するのですか？」

寒川課長「来々期の第1四半期の販売数量は 150 台と予想されるので、その 10% の 15 台を第4四半期の期末在庫数としてください」

西野さん「分かりました」

と言って西野さんが完成させたのが以下の仕入予算の表です。

仕 入 予 算（単位：百万円）

	仕 入 高		来々期予想の10%		
	第1四半期	第2四半期	第3四半期	第4四半期	年間合計
販売数量（台）	100	400	300	200	1,000
期末在庫数（台）	40	30	20	15	15
合 計	140	430	320	215	1,015
期首在庫数（台）	(10)	(40)	(30)	(20)	(10)
仕入必要量（台）	130	390	290	195	1,005
仕 入 単 価	1.2	1.2	1.2	1.2	1.2
仕 入 高	156	468	348	234	1,206
	70%	30%			
	現 金 支 払 金 額				
期首買掛金	200				200
第1四半期	109.2	46.8			156
第2四半期		327.6	140.4		468
第3四半期			243.6	104.4	348
第4四半期				163.8	163.8
支払額合計	309.2	374.4	384	268.2	1,335.8

寒川課長「最下段の現金の支払額合計は現金収支予算に反映されのよ」

西野さん「ところで、課長。右端の、仕入高の**年間合計欄の期首在庫数**はどこから来るのですか？同じく**年間合計欄の期末在庫数**は何処から来ますか？」

寒川課長「年間合計欄の期首在庫数は第1四半期の期首在庫数で、期末在庫数は第4四半期の期末在庫数です」

西野さん「なるほど、了解です」

第4部 資金計画と管理

4. 販売管理費予算

販売管理費予算は、**販売活動**および**管理活動**に関する予算です。

西野さん「次は販売管理費予算ですね」

寒川課長「販売管理費は、**変動費**と**固定費**に分けて設定すると簡単よ」

西野さん「変動費は販売数量に比例して増減するもので、固定費は販売数量に関係なく一定額が発生するものですね」

寒川課長「そのとおりよ」

寒川課長　「これが販売管理費予算のテンプレートよ。固定費の中の項目は自由に変えられるわよ。今は、我社の固定費に合わせた項目になっているわ」

と言って、次の表をパワーポイントでホワイトボードに写しました。

販売管理費予算（単位：百万円）

	販　売　お　よ　び　管　理　活　動　費				
	第1四半期	第2四半期	第3四半期	第4四半期	年間合計
販売数量					
1台当たり変動販売費					
変動費合計					
固定費					
支払給料					
広告宣伝費					
旅費交通費					
火災保険料					
減価償却費					
固定費合計					
販売管理費合計					
（控除）減価償却費					
現金支払金額					

また、販売管理費予算のために西野さんが設定した「仮定」は以下のとおりです。

- 変動販売費：商品1台当たり0.3百万円
- 固定販売管理費（各四半期）
  支払給料：22百万円、広告宣伝費：8百万円、
  旅費交通費：4百万円、火災保険料：2百万円、
  減価償却費：14百万円

寒川課長「**変動費の予算は、販売数量に1台当たり変動販売費を乗じて計算するのよ**」

西野さん「各期の販売数量は販売予算から得られます。仮定により、1台当たり変動販売費は0.3百万円だから、第1四半期の販売数量100台のための変動費は30百万円になります」

寒川課長「そうね」

西野さん「固定費は、仮定にあるものを入れればいいのですよね？」

寒川課長「そうよ」

と言って西野さんが作ったのが、次の表です。

販売管理費予算（単位：百万円）

販売 お よ び 管 理 活 動 費					
	第1四半期	第2四半期	第3四半期	第4四半期	年間合計
販売数量	100台	400台	300台	200台	1,000台
1台当たり変動販売費	0.3				
変動費合計	30				
固定費					
支払給料	22				
広告宣伝費	8				
旅費交通費	4				
火災保険料	2				
減価償却費	14				

第4部 資金計画と管理

固定費合計	50				
販売管理費合計	80				
（控除）減価償却費					
現金支払金額					

寒川課長「第2四半期以降の変動費と固定費も同じ要領で作ればいいのよ」

西野さん「はい、分かりました」

と言って西野さんが作ったのが次の表です。

販売管理費予算（単位：百万円）

	販 売 お よ び 管 理 活 動 費				
	第1四半期	第2四半期	第3四半期	第4四半期	年間合計
販売数量	100 台	400 台	300 台	200 台	1,000 台
1台当たり変動販売費	0.3	0.3	0.3	0.3	0.3
変動費合計	30	120	90	60	300
固定費					
支払給料	22	22	22	22	88
広告宣伝費	8	8	8	8	32
旅費交通費	4	4	4	4	16
火災保険料	2	2	2	2	8
減価償却費	14	14	14	14	56
固定費合計	50	50	50	50	200
販売管理費合計	80	170	140	110	500

寒川課長「変動費は年間合計で300百万円、固定費の年間合計は200百万円ね」

西野さん「変動費と固定費の合計金額500百万円が販売管理費になります」

寒川課長「このうち**減価償却費**は、過去に購入した固定資産の購入金額を配分したものだから、各四半期においては実際の現金支出は発生しないわ」

西野さん「そうですね」

寒川課長「だから、四半期ごとの販売管理費のための現金支出額を求めるには、各期の販売管理費合計から減価償却費を控除する必要があるわ」

西野さん「分かりました」

と言って西野さんが完成させたのが、次の販売管理費予算です。

販売管理費予算 （単位：百万円）

	販売 お よ び 管 理 活 動 費				
	第1四半期	第2四半期	第3四半期	第4四半期	年間合計
販売数量	100 台	400 台	300 台	200 台	1,000 台
1台当たり変動販売費	0.3	0.3	0.3	0.3	0.3
変動費合計	30	120	90	60	300
固定費					
固定費合計	50	50	50	50	200
販売管理費合計	80	170	140	110	500
（控除）減価償却費	(14)	(14)	(14)	(14)	(56)
現金支払金額	66	156	126	96	444

寒川課長「最下段の現金支払金額が現金収支予算に反映されるのよ」

5. 現金収支予算

　販売予算、仕入予算、販売管理費予算に基づいて、**現金収支予算**を作ります。

　もし四半期ごとの収入が支出を下回る場合は、取引銀行から借入をします。

寒川課長「いよいよ現金収支予算ね」

西野さん「そうですね！　上手くいくか、ドキドキしますね」

　現金収支予算のために西野さんが設定した「仮定」は以下のとおりです。

第4部　資金計画と管理

- 各四半期末における最低手持現金：100 百万円
- 備品購入額：第 1 四半期 240 百万円、第 2 四半期 160 百万円、第 3 四半期 120 百万円、第 4 四半期 80 百万円、年間合計 600 百万円
- 借入金の利率：年 4 ％
- 借入は 10 百万円単位で行う
- 借入は資金が不足する四半期の最初の日に行う
- 借入の返済および利息の支払いは、余裕資金がある四半期の最後の日に行う

寒川課長「これが現金収支予算のテンプレートよ。」

と言って、次の表をパワーポイントでホワイトボードに写しました。

現金収支予算（単位：百万円）

	第 1 四半期	第 2 四半期	第 3 四半期	第 4 四半期	年間合計
期首現金残高					
販売代金回収額					
利用可能現金					
支払金額					
仕入代金					
販売管理費					
備品購入額					
支払合計					
現金超過（不足）					
資金調達					
借入					
返済					
支払利息					
資金調達合計					
期末現金残高					

西野さん「ところで、現金収支予算というのは何を表示するのですか?」

寒川課長「各四半期において利用可能な現金と支払金額を一覧にして比較し、現金の過不足額を明らかにするのよ」

西野さん「利用可能な現金って何ですか?」

寒川課長「テンプレートの4段目の欄を見れば分かるように、**各四半期の期首現金残高に各四半期ごとの販売代金回収額を加えたものが、各四半期において利用可能な現金になるのよ**。つまり、支払いに回すことができる現金の額ということね」

西野さん「販売代金回収額は、すでに販売予算で作成されていますよね」

寒川課長「そうね」

西野さん「第1四半期の期首現金残高というの何ですか?」

寒川課長「前年、つまり今期の第4四半期の手持ち現金の期末残高よ。この現金も第1四半期に利用可能よ」

西野さん「そうですね。するとこれは来期首の予想貸借対照表から入手できるのですね?」

寒川課長「ご名答!」

西野さん「来期首の予想貸借対照表によると現金残高は150百万円、販売予算によると第1四半期の販売代金回収額は320百万円だから、利用可能現金は470百万円ですね」

寒川課長「そうね!」

西野さん「テンプレートに書き入れるとこうなりますね?」

と言って西野さんが作ったのが、次の表です。

現金収支予算 (単位:百万円)

	第1四半期	第2四半期	第3四半期	第4四半期	年間合計
期首現金残高	150				
販売代金回収額	320				
利用可能現金	470				
支払金額					

第4部 資金計画と管理

西野さん「次は支払額ですね。商品の仕入代金の支払額は仕入予算で、販売管理費の支払額は販売管理費予算で作成されています」

寒川課長「そう。そして備品購入金額は、西野さんが作った現金収支予算の仮定に示されているわ」

西野さん「第1四半期の仕入代金支払額は309.2百万円、販売管理費の支払額は66百万円、備品購入額は240百万円、合計615.2百万円になります」

寒川課長「利用可能現金から支払合計を控除すると、現金超過額、もしくは不足額が明らかになるわ」

西野さん「はい、分かりました」

と言って西野さんが作ったのが、次の表です。

現金収支予算（単位：百万円）

	第1四半期	第2四半期	第3四半期	第4四半期	年間合計
期首現金残高	150				
販売代金回収額	320				
利用可能現金	470				
支払金額					
仕入代金	309.2				
販売管理費	66				
備品購入額	240				
支払合計	615.2				
現金超過（不足）	(145.2)				

西野さん「第1四半期の利用可能現金は470百万円、支払額は615.2百万円だから、145.2百万円の現金不足額になります。すると、取引銀行から借入をしなければなりませんね？」

寒川課長「そうね。西野さんが作った仮定から、第1四半期の期末には最低100百万円の現金を手持ちしなければならないから、この分も借入額に加えないといけないわね」

西野さん「そうすると借入しなければならない金額は、現金不足額 145.2 百万円と期末手持現金 100 百万円の合計 245.2 百万円になりますね」

寒川課長「これも西野さんの仮定によると、借り入れる金額は 10 百万円単位だから、250 百万円を借り入れることになるわ」

西野さん「そうすれば、第 1 四半期の期末現金残高は、104.8 百万円になりますね」

寒川課長「そうね。そして、この第 1 四半期の期末現金残高が第 2 四半期の期首現金残高になるのよ」

西野さん「なるほど」

と言って西野さんが作ったのが、次の表です。

現金収支予算 （単位：百万円）

	第 1 四半期	第 2 四半期	第 3 四半期	第 4 四半期	年間合計
期首現金残高	150	104.8			
販売代金回収額	320				
利用可能現金	470				
支払金額					
仕入代金	309.2				
販売管理費	66				
備品購入額	240				
支払合計	615.2				
現金超過（不足）	(145.2)				
資金調達					
借入	250				
返済					
支払利息					
資金調達合計	250				
期末現金残高	104.8				

西野さん「第 2 四半期は、期首現金残高 104.8 百万円に、第 2 四半期の販売代金回収額 850 百万円を加えた 954.8 百万円が利用可能現金になるのですね」

第 4 部　資金計画と管理

寒川課長「そうよ。それから支払合計を控除すると、第2四半期の現金
の超過額、もしくは不足額が明らかになるわ」

西野さん「第2四半期の仕入代金、販売管理費、備品購入代の支払額は、
それぞれ374.4百万円、156百万円、160百万円で、支払合計の
金額は690.4百万円だから、264.4百万円の現金超過額になりま
す。これで250百万円の借入金は返済できるかしら？」

と言って西野さんが作ったのが、次の表です。

現金収支予算（単位：百万円）

	第1四半期	第2四半期	第3四半期	第4四半期	年間合計
期首現金残高	150	104.8	264.4		
販売代金回収額	320	850			
利用可能現金	470	954.8			
支払金額					
仕入代金	309.2	374.4			
販売管理費	66	156			
備品購入額	240	160			
支払合計	615.2	690.4			
現金超過（不足）	(145.2)	264.4			
資金調達					
借入	250				
返済					
支払利息					
資金調達合計	250				
期末現金残高	104.8	264.4			

寒川課長「第2四半期の現金超過額264.4百万円は、借入金250百万円を
上回るけれど、借入金を返済すると残りは14.4百万円になるわ。
期末に手持しなければならない額100百万円に大幅に足りなく
なるから、まだ返済は無理ね」

西野さん「すると現金超過額264.4百万円が第2四半期の期末現金残高に

なり、第３四半期の期首現金残高になるのですね？」

寒川課長「そうなるわね」

西野さん「第３四半期は、期首現金残高264.4百万円に、第３四半期の販売代金回収額800百万円を加えた1,064.4百万円が利用可能現金になるのですね」

寒川課長「そうよ。それから支払合計を控除すると、第３四半期の現金の超過額、もしくは不足額が明らかになるわ」

西野さん「第３四半期の仕入代金、販売管理費、備品購入代の支払額は、それぞれ384百万円、126百万円、120百万円で、支払合計の金額は630百万円だから、434.4百万円の現金超過額になります」

寒川課長「第３四半期の現金超過額434.4百万円は、期末に手持しなければならない額100百万と第１四半期に借りた250百万円を大幅に上回るから、借入金250百万円を取引銀行に返済することができるわね」

西野さん「利息も払うのですよね？」

寒川課長「もちろんよ。西野さんの仮定では、借入金の利息は年４％、借入は資金が不足する四半期、すなわち第１四半期のの最初の日に行い、借入の返済および利息の支払いは余裕資金がある四半期、すなわち第３四半期の最後の日に行うのね！」

西野さん「すると借入の期間は９か月間になるから、利息の金額は250百万円×４％×9/12で7.5百万円なりますね？」

寒川課長「そうなるわね」

西野さん「すると第３四半期の期末現金残高は、現金超過額434.4百万円から借入の返済額250百万円と利息分7.5百万円を引いた、176.9百万円になりますね。これが第４四半期の期首現金残高になるのですね」

と言って西野さんが作ったのが、次の表です。

第４部　資金計画と管理

現金収支予算（単位：百万円）

	第1四半期	第2四半期	第3四半期	第4四半期	年間合計
期首現金残高	150	104.8	264.4	176.9	
販売代金回収額	320	850	800		
利用可能現金	470	954.8	1,064.4		
支払金額					
仕入代金	309.2	374.4	384		
販売管理費	66	156	126		
備品購入額	240	160	120		
支払合計	615.2	690.4	630		
現金超過（不足）	(145.2)	264.4	434.4		
資金調達					
借入	250				
返済			(250)		
支払利息			(7.5)		
資金調達合計	250		(257.5)		
期末現金残高	104.8	264.4	176.9		

寒川課長「よくできているわね。第4四半期も同じ要領で作成するのよ。年間合計欄の期首現金残高は第1四半期の期首現金残高で、期末現金残高は第4四半期の期末現金残高よ」

西野さん「はい、分かりました」

と言って西野さんが完成させたのが、次の現金収支予算です。

現金収支予算（単位：百万円）

	第1四半期	第2四半期	第3四半期	第4四半期	年間合計
期首現金残高	150	104.8	264.4	176.9	150
販売代金回収額	320	850	800	550	2,520
利用可能現金	470	954.8	1,064.4	726.9	2,670
支払金額					
仕入代金	309.2	374.4	384	268.2	1,335.8
販売管理費	66	156	126	96	444
備品購入額	240	160	120	80	600
支払合計	615.2	690.4	630	444.2	2,379.8
現金超過（不足）	(145.2)	264.4	434.4	282.7	290.2
資金調達					
借入	250				
返済	(250)		(250)		
支払利息	(7.5)		(7.5)		
資金調達合計	250		(257.5)		
期末現金残高	104.8	264.4	176.9	282.7	282.7

西野さん「この現金収支予算で、第1四半期に資金が250百万円不足することが明らかになりましたね！」

寒川課長「そう、それが分かれば、早めに借入の交渉等を始めることができ、資金のショートが起こるのを防げるようになるのよ」

西野さん「早めに始めれば、余裕を持って交渉をすることができるし、不利な条件で契約せざるを得ない事態を避けられる可能性が高くなりますね！」

寒川課長「そのとおりよ！経営者の仕事で最も重要なのは、資金の管理といわれているわ！」

西野さん「なるほど。納得です」

第4部 資金計画と管理

製造会社の統合予算

　本文では、統合予算の説明を簡略化するために「商品は工場から購入する」とみなして、仕入予算を作っています。

　本来であれば製造会社は、仕入予算に代えて、以下のような**生産予算、直接材料費予算、直接労務費予算、製造間接費予算**を作ります。

①生産予算

　生産予算では、四半期ごとに販売する数量に、商品の期末在庫数を加え、期首在庫数を控除して、商品の生産必要量を見積もります。

　テンプレートは以下のようになります。

生 産 予 算（単位：千円）

	第1四半期	第2四半期	第3四半期	第4四半期	年間合計
販売数量					
期末在庫数					
必要量					
期首在庫数					
生産必要量					

②直接材料費予算

　直接材料費予算では、四半期ごとの商品の生産必要量に基づいて、直接材料の使用量と仕入数量、仕入金額、仕入代金の支払額を見積もります。

　直接材料費予算では、まず、各四半期の生産数量に基づいて直接材料の仕入必要量を見積もります。直接材料の仕入必要量は、生産必要量に商品1個当たりの単位使用量を乗じて生産使用量を計算し、期末に手持ちする期末在庫量を加え、期首に手持ちの期首在庫量を

控除して計算します。各四半期の仕入必要量に仕入単価を乗じたものが仕入金額になります。この仕入金額に基づいて、各期の現金支払金額を計算します。

　このテンプレートは、以下のようになります。

直接材料費予算 （単位：千円）

	仕　入　金　額				
	第1四半期	第2四半期	第3四半期	第4四半期	年間合計
生産必要量					
単位使用量					
生産使用量					
期末在庫量					
合　計					
期首在庫量					
仕入必要量					
仕入単価					
仕入金額					
現　金　支　払　金　額					
期首買掛金					
第1四半期					
第2四半期					
第3四半期					
第4四半期					
支払額合計					

③直接労務費予算

　四半期ごとの生産必要量に基づいて、直接労務費の予算を作ります。

　直接労務費は、各四半期の生産必要量に1個当たり労働時間を乗じれば各四半期の必要直接労働時間が計算できます。その必要労働時間に1時間当たりの賃率を乗じれば、各四半期の直接労務費が計算できます。

　テンプレートは、以下のようになります。

第4部　資金計画と管理

直接労務費予算（単位：千円）

	第1四半期	第2四半期	第3四半期	第4四半期	年間合計
生産必要量					
1個当たり労働時間					
必要直接労働時間					
時間当たり賃率					
直接労務費					

④製造間接費予算

　製造間接費は、生産量に応じて増減する**変動費部分**と、生産数量にかかわらず一定額が発生する**固定費部分**があるので、製造間接費予算も変動費部分である**変動製造間接費**と、固定費部分である**固定製造間接費**に分けて設定すると簡単です。

　変動製造間接費は、変動製造間接費の配賦基準に変動費配賦率を乗じて計算します。

　固定製造間接費は減価償却費を含んでいるので、製造間接費のための現金支払金額を計算するために、固定製造間接費の額から減価償却費を控除します。

　変動間接費予算のテンプレートは、以下のようになります。

製造間接費予算（単位：千円）

	第1四半期	第2四半期	第3四半期	第4四半期	年間合計
配賦基準					
変動費配賦率					
変動製造間接費					
固定製造間接費					
製造間接費合計					
（控除）減価償却費					
現金支払金額					

第14章
お金の質と
キャッシュ・フロー計算書

　現金収支予算を作ることによって、資金が不足する時期や金額を知ることができます。この情報に基づいて、早めに取引銀行と借入の交渉をすることができます。

　しかし借入はいずれ返済しなければなりません。しかも、利息を支払わなければなりません。これに対し、自社の営業で稼ぎ出した資金は返済も利息の支払いも必要ありません。すなわち、**会社が必要とする資金は営業で稼ぎ出すのが最良なのです。**

　つまり、手持ちの現金が豊富であるということだけで安心してはいけないのです。その金がどのような活動で生み出されたものなのかを知っておく必要があるのです。**会社の現金がどの活動で生み出されたのかを表示するのがキャッシュ・フロー計算書です。**

　現金収支予算を完成させた後、**寒川道子経営企画課長**と**西野美織課員**は、会社を取り巻くお金の流れについて話をしています。

寒川道子
西野美織

1. 資金の流れ

寒川課長「西野さん、会社の資金の流れについては知っているかしら？」
西野さん「知っているのは、出ていくお金とは入ってくるお金があることぐらいです」

第４部　資金計画と管理

201

寒川課長「これから頻繁にお金の流れに関係する仕事があるから、一度
　　　　整理しておくといいわね。これから、会社を取り巻くお金の流
　　　　れについて話をしましょう！」

西野さん「はい、よろしくお願いします」

寒川課長「それでは、さっそく始めましょうか？これが物品を販売する
　　　　株式会社の大まかな資金の流れよ」

と言って、**図表14-1**をホワイトボードに書きました。

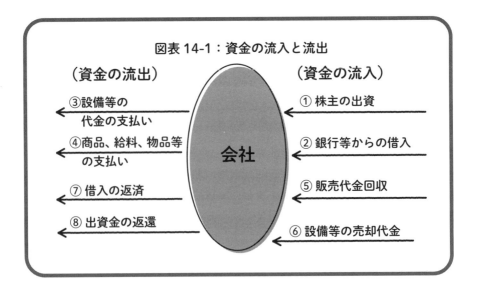

図表14-1：資金の流入と流出

（資金の流出）　　　　　　　　　　　　（資金の流入）

③設備等の　　　　　　　　　　　　　① 株主の出資
　代金の支払い

④商品、給料、物品等　　　　会社　　② 銀行等からの借入
　の支払い

⑦ 借入の返済　　　　　　　　　　　　⑤ 販売代金回収

⑧ 出資金の返還　　　　　　　　　　　⑥ 設備等の売却代金

寒川課長「右側が資金の流入つまり資金の受取りを、左側が資金の流出
　　　　つまり資金の支払いを表しています。資金の流れに示された①
　　　　～⑧の番号は、一般的な会社における資金の流れの順番を示し
　　　　ています」

西野さん「これは、分かりやすいです！」

寒川課長「それでは、番号順に始めましょうか？まずは会社の設立から
　　　　よ。会社を設立する際は、株主が資金の拠出、つまり**出資**をし
　　　　ます。この図の①が株主の出資よ。そして、この**出資金額を資**

本金として登記します」

西野さん「資本金の額はいくら必要なのですか？」

寒川課長「会社を設立する際の**資本金は1円以上**であればいいことになっているわ。しかし、常識的に言って、数か月分の運転資金として必要な額は準備する必要があるでしょうね。でないと、資金が底をついて、活動が行き詰まってしまいますからね」

西野さん「**運転資金**というのは何ですか？」

寒川課長「運転資金と言うのは、④の商品、給料、物品等の代金支払いのために必要な資金のことよ。まぁ、簡単に言えば、日常の営業活動に必要なお金ね！」

西野さん「もし資本金だけでは運転資金として足りないときはどうするのですか？」

寒川課長「そのときは②の銀行等から、あるいは親や親戚、友人等から借りることになるでしょうね！」

西野さん「分かりました。ところで、③の設備等の代金支払いに必要なお金はどうするのですか？」

寒川課長「③の設備等の代金の支払いに必要な資金は**設備資金**と呼ばれています。**設備資金は株主の出資や銀行等からの借入で賄うの**が一般的ね。このお金の支払いは、会社設立後すぐに必要なわけではないし、それほど頻繁に起こるわけではないわ！でも、1回当たりの支払金額が大きくなるのが特徴ね！」

西野さん「なるほど、仕事に必要なお金を確保するのも大変なんですね？」

寒川課長「そうよ！旭精密機械株式会社くらいの規模の会社になると財務部が置かれ、金融機関等と資金調達の交渉をやっているから、私たちはお金の心配をすることなく仕事に専念できるのよ！」

西野さん「本当ですね、ありがたいですね」

第4部 資金計画と管理

西野さん「ところで課長、**理想的な資金の流れ**というのはあるのですか？」

寒川課長「日常的な営業活動をこなしている会社の場合は、販売代金の受取り⑤だけで③と④の支払いを賄うのが望ましいわね！」

西野さん「どうしてですか？」

寒川課長「①の株主の出資も、②の金融機関からの借入も、⑤の販売代金の受取りも、会社に資金の流入をもたらすという点では同じよ」

西野さん「⑥の設備等の売却代金も資金の流入をもたらすのですよね？」

寒川課長「そうよ。でも、設備等の売却は、そう頻繁に起きるわけではないから、ここでは、一旦、脇に置いておきましょう」

西野さん「了解です」

寒川課長「話をもとに戻すわね。①の株主の出資も、②の金融機関からの借入も、会社に資金の流入をもたらすわ。でも出資してくれた株主には配当を支払わなければならないし、金融機関には利息を支払わなければならない。つまり、これらの資金を使うのは、タダではないということね」

西野さん「なるほど。それに、借りたお金は期限が来たら返済しなければならないですよね。それに対し、販売代金として受け取ったお金は自分で稼いだお金だから、返済の必要はないし、配当も利息の支払いも必要ないということですね？」

寒川課長「そのとおりよ。同じ資金の流入でも、性質が全く違うものなのよ」

西野さん「株主の出資や金融機関からの借入は手元の現金の増加をもたらすけれど、後々の負担を大きくし、首を絞めかねないということですね！」

寒川課長「そうね！金融機関からお金を借りて手元の資金が増えたと安心してしまう人がいるけれど、自分の商品を販売して手に入れ

るお金とはまったく性質が違うということをしっかりと自覚することが大事ね」

西野さん「いずれ返さなければならないお金だから、そのお金は返済の資金を蓄える活動に使わなければならない、飲み食いなどのために使ってはならないということですね？」

寒川課長「そうよ！」

西野さん「では課長、**理想的な資金の流れになっているのかどうかを知る方法**というのはあるのですか？」

寒川課長「それなら**キャッシュ・フロー計算書を読めるようになること**ね！」

西野さん「キャッシュ・フロー計算書…ですか？」

寒川課長「ええ、そうよ。キャッシュ・フロー計算書は**図表14-1**の①から⑧までの資金の流れを金額で表示するのよ」

西野さん「すると、⑤の販売代金の受取額が、③と④の支払いに必要な額を上回っているかどうか等を表示することができるということですか？」

寒川課長「そう、そのとおりよ！」

西野さん「そうなんですか！？では課長、キャッシュ・フロー計算書の読み方を教えてください！」

寒川課長「いいわよ」

2. キャッシュ・フロー計算書の様式

寒川課長「詳細な記述は省略してあるけれど、キャッシュ・フロー計算書は、このようになっているわ」

と言って、**図表14-2**をホワイトボードに書きました。

第４部　資金計画と管理

図表 14-2：キャッシュ・フロー計算書

(単位：千円)

I	営業活動によるキャッシュ・フロー	
	当期利益	150,000
	減価償却費	90,000
	売掛金の増加	・・・
	商品の減少	・・・
	・・・・・・	・・・
	営業活動によるキャッシュ・フロー	164,000
II	投資活動によるキャッシュ・フロー	
	・・・・・	・・・
	投資活動によるキャッシュ・フロー	(64,000)
III	財務活動によるキャッシュ・フロー	
	・・・・・・・	・・・
	財務活動によるキャッシュ・フロー	(60,000)
IV	現金等の増加	40,000

寒川課長「このように、キャッシュ・フロー計算書は会社のキャッシュ・
フロー、つまり資金の流れを営業活動によるもの、投資活動に
よるもの、財務活動によるもの、の3つに区分して表示するの
よ！」

西野さん「これはどう見るのですか？」

寒川課長「最初の区分の〝営業活動によるキャッシュ・フロー〟は、商
品の仕入や販売、管理活動など、毎日繰り返す活動に伴う資
金の流れよ。図表14-1の④と⑤の活動に伴う資金の流れね。

次の〝投資活動によるキャッシュ・フロー〟は、生産設備や販売・
管理用設備の購入や売却などに伴う資金の流れで、図表14-1
の③と⑥の活動に伴うものね。

最後の "財務活動によるキャッシュ・フロー" は、株主の出資や返還、銀行等からの借入や返済などに伴う資金の流れで、**図表14-1** の①と②、そして⑦と⑧の活動に伴うものよ」

西野さん 「なるほど。ところで課長、営業活動によるキャッシュ・フローの区分に "当期利益" というのがありますが、これは何ですか？」

寒川課長 「営業活動によるキャッシュ・フローの区分の表示方法には、**直接法**と**間接法**の２通りがあるの。ほとんどの会社は、作成が簡単な間接法を使用しているわ。**間接法では、損益計算書に表示される当期利益に各種の調整を加えて営業活動によるキャッシュ・フローを表示するのよ**」

西野さん 「すると、**図表14-2** の表示は間接法ですね！でもどうして、当期利益に調整を加えて営業活動によるキャッシュ・フローを表示するのですか？」

寒川課長 「損益計算書の当期利益と営業活動によるキャッシュ・フローの額は違うからよ！」

西野さん 「どうしてですか？」

寒川課長 「会社の利益は売上高などの収益から売上原価や支払給料などの費用を控除して計算することは知っているわよね？」

西野さん 「はい。もちろん、知っています」

寒川課長 「でも、今の会計は**発生主義会計**といって、現金の収支に関わりなく売上高や費用を記録し、利益を計算しているのよ」

西野さん 「どういうことですか？」

寒川課長 「現代の取引の多くは**信用取引**だから、代金を後で受け取る約束をして商品を顧客に販売するのよ。そして、この時点で売上高を記録しているの。まだ現金を受け取っていないにもかかわらずよ！」

西野さん 「そうですね」

寒川課長 「同様に、代金を後で支払う約束をして物品やサービスを買っ

第14章 お金の質とキャッシュ・フロー計算書

207

第４部 資金計画と管理

て消費しているわ。そして、この時点で費用を記録しているの。まだ現金を支払っていないにもかかわらずよ！」

西野さん 「すなわち、**現金の受取りや支払いがなくとも売上高や費用を記録して、その差額としての利益を計算している**、ということですね」

寒川課長 「そのとおり。そのため、**売上高や費用を表示する損益計算書の上では利益が出ているのに手元に現金がなく、購入代金の支払いに窮する、などという事態がしばしば発生するわ**」

西野さん 「そうなんですか？！」

寒川課長 「そこで、現金の受取りと支払いの状況を表示するキャッシュ・フロー計算書が作成されるようになった、という経緯があるのよ！」

西野さん 「なるほど！それで損益計算書上の当期利益に調整を加えて、営業活動によるキャッシュ・フローを表示するのか！それに投資活動および財務活動によるキャッシュ・フローを加えて、現金の増減額を表示しているのですね！」

寒川課長 「そのとおりよ」

3. 理想型

西野さん 「ところで課長、このキャッシュ・フロー計算書のどこを見れば資金の流れが理想的か否か、が分かるのですか？」

寒川課長 「これを見てちょうだい！」

と言って先ほどの**図表 14-2** を指しました。

寒川課長 「この図で**カッコ書きの数字は現金流出入のマイナスを、カッコのない数字は現金流出入のプラス流入を示している**のよ」

西野さん「現金流出入のマイナスとかプラスというのは何ですか？」

寒川課長「３つの活動区分ごとに、現金の流入が流出を上回る場合は現金流出入のプラス、流出が上回る場合は現金流出入のマイナスよ」

西野さん「分かりました。**図表 14-2** では、営業活動によるキャッシュ・フローは 164,000 千円のプラス、投資活動では 64,000 千円のマイナス、財務活動では 60,000 千円のマイナスですね」

寒川課長「そう、この会社は営業活動で現金 164,000 千円を稼ぎ出し、それを投資活動に 64,000 千円、財務活動に 60,000 千円使っていることを表しているのよ」

西野さん「営業活動で稼いだ現金を投資活動や財務活動に使っているということだけど、具体的に、どのようなことにお金を使っているのですか？」

寒川課長「先ほども言ったように、投資活動では生産設備や販売設備の購入にお金を使い、財務活動では借入金の返済などにお金を使っているのよ！」

西野さん「つまり**図表 14-2** のキャッシュ・フロー計算書は、**営業活動で投資活動や財務活動に必要な資金を稼いでいる**ことを表しているのですね？」

寒川課長「そのとおり。商品の販売で得た自分のお金で、投資活動も含めて、支払いに必要な資金のすべてを賄っているということですね！」

西野さん「まさに、理想的な資金の流れですね！」

寒川課長「そうよね！」

第４部　資金計画と管理

4. 財産処分型

• •

寒川課長　「では、この場合はどうでしょう？」
と言って、ホワイトボードの**図表 14-2** を、以下の**図表 14-3** に書き替え
ました。

図表 14-3：キャッシュ・フロー計算書

(単位：千円)

I	営業活動によるキャッシュ・フロー	
	• • • • •	• • •
	営業活動によるキャッシュ・フロー	(50,000)
II	投資活動によるキャッシュ・フロー	
	• • • • •	• • •
	投資活動によるキャッシュ・フロー	200,000
III	財務活動によるキャッシュ・フロー	
	• • • • • • •	• • •
	財務活動によるキャッシュ・フロー	(100,000)
IV	現金等の増加	50,000

西野さん　「この会社は、営業活動によるキャッシュフローは 50,000 千円
　　　　　　のマイナス、投資活動によるキャッシュフローは 200,000 千円
　　　　　　のプラス、財務活動は 100,000 千円のマイナスですね」

寒川課長　「そう、この会社は営業活動で不足した 50,000 千円を、土地や
　　　　　　建物などの固定資産の売却で得た収入 200,000 千円でカバーし、
　　　　　　さらにその一部で銀行からの借入 100,000 を返済していること
　　　　　　を表しているわ」

西野さん　「営業活動での現金不足分を土地や建物などの売却収入でカ

バーしているのですね？」

寒川課長「そのとおり！最下段では現金等の増加 50,000 千円を表示しているけれど、これは土地や建物の売却によるものということね！」

西野さん「土地や建物などの売却収入でカバーすると言っても、限度があるでしょう？売れる土地や建物が沢山あるわけでもないでしょうし…？」

寒川課長「そう！これは何度も繰り返して使える資金調達方法ではないわよね！」

西野さん「もう1つ疑問があります」

寒川課長「なんでしょう？」

西野さん「営業活動で現金が不足しているのに借入金 100,000 千円を返済しています。返済しないで社内に現金を残しておくか、売却する土地や建物を少なくすることもできるのではないのですか？」

寒川課長「もちろん、その選択肢もあります。しかし**借入金の中には利息の利率が高いものもあるので、そのような借入金を返済することで利息の支払いを少なくすることができるのですよ**」

西野さん「なるほど！納得です」

5. 財務活動依存型

寒川課長「もう1つ、この場合はどうか？」
と言って、ホワイトボードの**図表 14-3** を、以下の**図表 14-4** に書き替えました。

第4部　資金計画と管理

図表 14-4：キャッシュ・フロー計算書

(単位：千円)

I	営業活動によるキャッシュ・フロー	
	・・・・・	・・・
	営業活動によるキャッシュ・フロー	(150,000)
II	投資活動によるキャッシュ・フロー	
	・・・・・	0
	投資活動によるキャッシュ・フロー	0
III	財務活動によるキャッシュ・フロー	
	・・・・・・・・	・・・
	財務活動によるキャッシュ・フロー	200,000
IV	現金等の増加	50,000

西野さん「この会社は、営業活動のキャッシュ・フローは 150,000 千円の
マイナス、投資活動のキャッシュ・フローは無く、財務活動は
200,000 千円のプラスですね」

寒川課長「そう、この会社は営業活動による現金支出が収入を 150,000 千
円上回っていて、足りなくなったお金を確保するために財務活
動で 200,000 千円を調達していることを表しているわ」

西野さん「営業活動で不足した分を、銀行からの借入等でカバーしてい
るのですね？」

寒川課長「そのとおり！最下段では現金等の増加 50,000 千円を表示して
いるけれど、これは財務活動によるものであって、営業活動に
よるものではないということよね！銀行から借りた場合は、利
息を支払い、期日には返済しなければならないから、将来的に
はさらに資金繰りが大変になると予想されるわ」

西野さん 「理想的な資金の流れからは、ほど遠いですね？」

寒川課長 「そういうことよね」

寒川課長 「後の２つのケースのように、**営業活動による現金支出が収入を上回ると、財務活動や投資活動で資金を調達しなければならないのよ**」

西野さん 「そうですね、理想的な資金の流れではなくなりますね！」

寒川課長 「さらに、営業活動での現金支出が収入を上回るのがこの期間だけのものか、それとも恒久的なものかによって、事態の深刻さがまったく異なってくるわ」

西野さん 「えっ、どういうことですか？」

寒川課長 「一時的なものなら、来期以降、営業活動によるキャッシュ・フローは回復するから、もはや投資活動や財務活動による資金調達は必要なくなるわ。でも…」

西野さん 「でも…？」

寒川課長 「営業活動によるキャッシュ・フローのマイナスが恒久的ならば、売却できる資産がどんどん減っていき、あるいは借金がどんどん膨らんでいって、最後は破産する危険があるということなのよ！」

西野さん 「なるほど。では、営業活動による現金支出が収入を上回るのが一時的なものか、恒久的なものかを知るにはどうすればいいのですか？」

寒川課長 「過去数期間、例えば５年分のキャッシュ・フロー計算書を入手して過去の傾向を比べてみると、営業活動によるキャッシュ・フローのマイナスが一時的なものか、あるいは恒久的なものかが明らかになるわよ！」

西野さん 「なるほど！分かりました」

第４部 資金計画と管理

第 **15** 章
財務活動による
資金調達

　会社は、財務活動で調達した資金を投資活動と営業活動に投下します。投資活動で調達した設備等は営業活動に使用します。そして営業活動で物品やサービスを生産し、これを顧客に提供して販売代金を回収します。すなわち、財務活動による資金調達は、会社の活動の出発点になります。

　会社の手持資金が不足すると重要な投資の機会を逃したり、最悪の場合は破産してしまう危険性があります。「財務活動で十分な資金を確保することは、経営者にとって最も重要な任務の1つ」といわれる所以です。

> 　会社の資金は、主に財務活動と営業活動によってもたらされることを学んだ**西野さん**は、さらに**財務活動による資金調達の詳細**について、寒川課長に質問しています。
>
> 寒川道子
>
> 西野美織

1. 資金の調達

西野さん「会社は、社会生活に必要は物品やサービスを生産し、提供しています。しかし、生産活動を営むためには資金が必要です」

寒川課長「そうですね。自分の資金で十分な場合は別として、そうでない場合は第三者から調達しなければなりません」

西野さん「第三者から資金を調達するには、どのような方法があるのですか?」

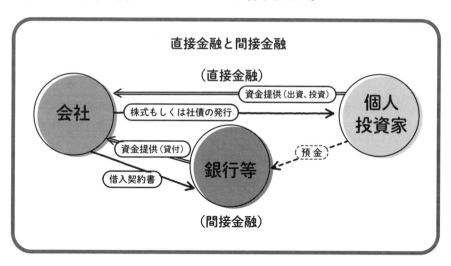

寒川課長「いくつかの方法がありますよ。まず、**個人投資家に株式や社債を発行して調達する方法**があります。この方法は、個人投資家から資金を直接調達するので〝直接金融〟と呼ばれています」

西野さん「個人投資家から、直接、資金を調達するので直接金融ですね！」

寒川課長「また、**銀行等の金融機関から借入をして調達する方法**もあります。この方法は、個人が銀行等に預けたお金を金融機関経由で借りるので〝間接金融〟と呼ばれています」

西野さん「個人のお金を銀行経由で借りるので間接金融ですね！」

寒川課長「直接金融と間接金融の関係を図にすると、このようになります」

と言って、以下の図をホワイトボードに書きました。

西野さん「なるほど、この図は分かりやすいですね！」

寒川課長「直接金融の中でも、会社が**株式を発行して調達した資金**は返済の義務がありませんが、**社債を発行して調達した資金**は期日には返済する義務があります」

西野さん「同じ直接金融でも、違いがあるのですね？」

第4部 資金計画と管理

寒川課長「そうよ。株式を発行して調達した資金は返済の義務がないので、自分の資金のように考えることができるわ。それでこの資金を**自己資金**といいます。これに対し社債で調達した資金は期日には返済しなければなりません。あくまでも借りた資金なので、**他人資金**と呼びます」

西野さん「銀行から借りたお金も期日には返済しなければなりませんね？」

寒川課長「そうです。したがって銀行等からの借入金も他人資金になります」

西野さん「直接金融と間接金融、自己資金と他人資金の関係を一覧にすると…？」

寒川課長「このようになりますよ！」

と言って、以下の表を書きました。

直接・間接金融と自己・他人資金の関係

（調達方法）	（直接・間接金融）		（自己・他人資金）	
	直　接	間　接	自　己	他　人
株式の発行	✓		✓	
社債の発行	✓			✓
銀行等からの借入		✓		✓

※ ✓は該当あり。

西野さん「なるほど。これを見ると、株式の発行で調達した資金、社債の発行で調達した資金、銀行等からの借入で調達した資金の違いが明白ですね！」

寒川課長「そうですね」

2. 資金の選択

西野さん「株式の発行や社債の発行、借入で調達した資金には、どのような違いがありますか?」

寒川課長「先ほど言ったように、株式の発行で調達した資金は返済の義務がなく、会社はこの資金を自由に永遠に生産活動に使い続けることができます。代わりに、利益が出たときには、経営者の判断に基づいて株主に配当を支払います」

西野さん「社債の発行で得た資金はどうですか?」

寒川課長「社債の発行で得た資金は、社債発行時に約束した期日に返済しなければなりません。また、利益の有無にかかわらず、契約に基づいた利率で利息を支払わなければなりません」

西野さん「なるほど。では銀行等からの借入で調達した資金はどうなのでしょう?」

寒川課長「銀行等からの借入で得た資金は、社債の発行で得た資金と同様に、借入時に約束した期日には返済をしなければなりません。また、利益の有無にかかわらず、契約に基づいた利率で利息を支払わなければなりません」

西野さん「ずいぶんと違いがあるのですね?」

寒川課長「これらの違いを一覧にすると、こうなります」

と言って、以下の表を書きました。

調達した資金の性質

	(返済義務)	(使 用 料)
・株式の発行で得た資金	返済義務はない	利益があったときに配当を支払う
・社債の発行で得た資金	期日に返済義務がある	利益の有無にかかわらず、契約に基づいた利息を支払う
・銀行等からの借入で得た資金	期日に返済義務がある	利益の有無にかかわらず、契約に基づいた利息を支払う

第4部 資金計画と管理

西野さん 「社債の発行で調達した資金と銀行等からの借入で調達した資金は、ほぼ同じ内容です。両者にはどのような違いがあるのでしょうか？」

寒川課長 「両者とも、期日に返済できなかったり、利息の支払いが滞ったりすると、会社は倒産の危機に遭遇します。その意味では、同じ性質の資金といえます。でも、**大きな違いは利息の利率です**」

西野さん 「社債に対して支払う利息と、銀行等からの借入に対して支払う利息の利率に違いがあるということですか？」

寒川課長 「そのとおりです」

西野さん 「どうしてその違いが出てくるのですか？」

寒川課長 「銀行等は預金者に利息を支払います。さらに銀行内の事務経費を賄うために、その分をに反映した利率、例えば4%で会社に貸付をします。このような感じですね！」

と言って、以下の図を書きました。

銀行等からの借入金の利率（4%）の構成

銀行内の事務経費　（2%）
預金者へ支払う利息（2%）

西野さん 「当然、そうなりますね！」

寒川課長 「これに対し社債の発行では、不特定多数の投資者に社債を直接販売して資金を調達します。銀行等の事務経費の負担を回避することができるので、例えば、投資者へ支払う2%の利率で資金を調達することができるのです」

西野さん 「なるほど！**借入の利率よりも社債の利率の方が低くなる**ということですね？」

寒川課長 「そのとおりです。ただし、社債の発行、すなわち投資者に社債を販売するにあたっては、証券会社や投資銀行などを販売代

理人とするのが一般的で、当然、代理人手数料の支払いが必要
になります」

西野さん「そうですね。すると、どっちが得になりますか？」

寒川課長「これらを考慮すると、**調達期間が長くなるほど、そして金額が
多額になるほど、たとえ代理人手数料を支払ったとしても、社
債の発行による調達の方が借入よりもコストが安くなる傾向に
あります**」

西野さん「金額でいうと、どれくらいが分かれ目になりますか？」

寒川課長「資金調達時の金融環境にもよるので一概にいえませんが、調
達資金が 20 億円位を超えると社債の発行が有利になるという
試算もあるようです」

西野さん「なるほど」

西野さん「先ほど伺ったように、株式の発行によって調達した資金は返
済の必要がありませんが、銀行借入で調達した資金は、期日に
は返済しなければなりません。一見すると返済義務がない株式
の発行による調達が安定していて有利なようですが…？」

寒川課長「そうですね。でも、必ずしもそうではありません。その理由は、
〝資金のコスト〟にあります」

西野さん「資金のコストですか？」

寒川課長「資金のコストとは、**資金提供者に対して会社が支払う利息や
配当の金額のこと**です。株式の発行で資金を調達した場合、会
社は株主に配当を支払います。銀行から借りた場合は利息を支
払います」

西野さん「はい、そうですね！」

寒川課長「その際の支払配当 1 円当たりの会社の負担額は、税制の関係
上、支払利息 1 円当たりの負担額の約 1.4 倍になります」

西野さん「えっ、ええ？　そうすると、会社は、支払利息と同額の配

第４部　資金計画と管理

当を支払おうとすると、1.4倍の利益を上げなければならないのですか？」

寒川課長「そのとおりです。もし計画しているプロジェクトの投資利益率が銀行等からの借入に対する利率を上回ると予測される場合は、プロジェクトに必要な資金を借入金で調達するのも1つの選択肢になります」

西野さん「なるほど、よく分かりました」

3. 資金の使途と調達

寒川課長「会社は調達した資金を設備や施設の購入、あるいは日常の営業活動に投下します。前者は設備資金、後者は運転資金と呼ばれています」

西野さん「使途によって、資金の調達方法は異なってくるのですか？」

寒川課長「そうですね、使途によって異なってきますね！」

西野さん「なぜですか？どのように異なるのですか？」

寒川課長「設備や施設の購入には多額の資金を必要とします」

西野さん「そうですね。一度に多額の投資支出がありますね」

寒川課長「そして会社は、購入した設備や施設を使用し、長期間にわたって商品を販売して代金を得て、設備や施設の購入資金を回収します。言い換えれば、設備や施設に投資した資金を販売代金で回収するには長い期間を要します」

西野さん「そうですね、設備や施設は、短いもので数年、長いものになると20年とか30年も使用されますものね！」

寒川課長「そのため、**設備資金は直接金融である株式あるいは社債の発行で調達するのが望ましい**とされています。間接金融による場合でも、返済期限が長い借入金が望ましいとされます」

西野さん「なるほど。納得です」

西野さん「では、日常の営業活動である運転資金の場合は、どうですか？」

寒川課長「商品は仕入れてから１、２週間以内に販売されます。その販売代金を顧客から回収すれば、商品の仕入代金の支払いに廻すことができます」

西野さん「そうですね！」

寒川課長「そのため、商品の仕入代金、販売や管理活動用の物品やサービスの購入代金の支払いに充てる資金は、短期の借入金で調達する例が多くみられます」

西野さん「そうなんですね！でも、短期の借入だと、すぐに返済期限が到来してしまいます。期限に返済したら、またすぐに資金不足になりませんか？」

寒川課長「通常は、短期借入の返済期限が到来するごとに、新たな借入を繰り返していくのです。これを〝借換え〟といいます」

西野さん「なるほど。それで継続的に資金を確保するのですね！でもそれなら、いっそ、長期の借入をした方が手間が掛からないのではないですか？」

寒川課長「確かに、短期の借入を繰り返していくのは手間ですね。でも、それにはちゃんとした理由があるのよ」

西野さん「どのような理由ですか？」

寒川課長「**長期借入金の利率は短期借入金の利率よりも高いのが一般的なのです**」

西野さん「それで、長期の借入ではなく、短期の借入を繰り返すのですか！なるほど、納得です」

寒川課長「一時的に多額の資金が必要になる従業員のボーナスや税金の支払資金も短期の借入で調達する例が多くみられます」

西野さん「了解です！」

第４部　資金計画と管理

4. 資金が必要なタイミング

西野さん「会社は、通常は、営業活動で獲得した資金で、営業活動や投資活動に必要な支出を賄いますよね？」

寒川課長「そうね。それが健全な会社でしょうね！でもね、健全な活動をしている会社でも、**財務活動で資金を調達しなければならないことがあるのよ！**」

西野さん「そのようなことがあるのですか？どのような場合ですか？」

寒川課長「財務活動で資金を調達するのは、大きな資金を必要とするときよ！」

西野さん「どのような場合に、会社は大きな資金を必要とするのですか？」

寒川課長「3つの場合が考えられるわね！」

西野さん「3つの場合ですか？」

寒川課長「そうよ！」

寒川課長「まず、**起業の時**ね。起業というのは、会社を設立して事業を始める時だけど、起業間もない会社は売上高も少ないから販売代金の受取りだけで商品の仕入代金や従業員の給料、物品やサービスの購入代金の支払いを賄うのは困難なのよ」

西野さん「そうですね」

寒川課長「この場合は株主の出資や銀行等からの借入に頼らざるを得ないわ。でも、まだ何の実績もない会社に出資する人やお金を貸してくれる銀行は稀ね！」

西野さん「じゃ、どうやってお金を調達するのですか？」

寒川課長「株主の出資や借入には**発展段階**というのがあるのよ」

西野さん「発展段階！それなんですか？」

寒川課長「まず**株主の出資**から見てみましょう」

と言って、次の順番をホワイトボードに書きました。

```
┌──────────────────────────────────────────────┐
│  ╭──────────────────────────────────────────╮ │
│  │ 起業する人が自分の貯蓄を会社の資金として拠出する │ │
│  ╰──────────────────────────────────────────╯ │
│                    ↓                           │
│  ╭──────────────────────────────────────────╮ │
│  │ 親や親戚、友人等に出資を依頼し、資金を拠出してもらう │ │
│  ╰──────────────────────────────────────────╯ │
│                    ↓                           │
│  ╭──────────────────────────────────────────╮ │
│  │ エンジェルと呼ばれる個人投資家やベンチャー・キャピタル │ │
│  │ と呼ばれる機関投資家等の特定の出資者に依頼して、資金 │ │
│  │ を拠出してもらう                              │ │
│  ╰──────────────────────────────────────────╯ │
│                    ↓                           │
│  ╭──────────────────────────────────────────╮ │
│  │ 株式を証券取引所に上場して不特定多数の人に声を掛け、 │ │
│  │ 資金を拠出してもらう                          │ │
│  ╰──────────────────────────────────────────╯ │
└──────────────────────────────────────────────┘
```

西野さん 「これが出資の発展段階ですか？」

寒川課長 「そうよ。株主の出資は上から順番に発展していく、言い換えれば、株主の人数が増えていくのね」

西野さん 「最初は、自分の貯蓄を取り崩して会社に出資するんですか？」

寒川課長 「そうよ、誰も出資してくれる人がいないなら、自分でなんとかするしかないでしょ！」

西野さん 「そうですね。確かに、自分で何とかするしかないですよね！」

寒川課長 「だから事業を始めようと考えている人は、最初の数か月間の運転資金がまかなえる位の貯蓄をしておく必要があるわね。その期間を乗り越えれば、やがて事業が有望であることを知った親や親せき、友人なども資金の拠出に応じてくれるようになるわ」

西野さん 「自分の頑張りを周りの人も見ているということですね！」

寒川課長 「そうね。そして、販売する商品やサービスが社会に受け入れられるもので、社会生活を豊かにすることが明らかになると、数千万円から数億円規模の出資に応えてくれる**エンジェル**や**ベンチャー・キャピタル**が現れるようになるわ」

第４部 資金計画と管理

西野さん　「へぇ～、すごい金額ですね！」

寒川課長　「そして最後が証券取引所への上場ね。初めて証券取引所に上場することを**新規株式公開**あるいは **IPO** というのよ」

西野さん　「新規株式公開には、相当な準備がいるのでしょうね？」

寒川課長　「新規株式公開をしようとする会社は、上場会社にふさわしい経営体制を整備し、定期的に経営の状況を不特定多数の株主等に報告する体制を整備しなければなりません」

西野さん　「大変そうですね！」

寒川課長　「経営体制の整備や定期的な経営状況の報告には、当然、コストが掛かります」

西野さん　「そうでしょうね？」

寒川課長　「だから経営者は、資金調達が容易になるとか、会社の知名度が上がるとか、メリットだけを安易に考えることなく、コストとメリットを比較して新規株式公開をするか否かを決定する必要があるのです」

西野さん　「なるほど。ところで、会社設立から証券取引所への上場までは、どれくらいの期間がかかるのですか？」

寒川課長　「もちろん会社によって異なるけれど、大体 10 年から 20 年位ね」

西野さん　「そうなんですか。話は変わりますが、会社に出資した人は、どのようにして、その資金を回収するのですか？」

寒川課長　「出資した人は、見返りに会社から**株式の交付**を受けます」

西野さん　「株式の交付を受けるから、その人は株主と呼ばれるのですね？」

寒川課長　「そうよ。株主は株式を証券市場などで売却して、拠出した資金を回収することができるのよ」

西野さん　「借入の場合はどうですか？」

寒川課長　「借入の場合も、設立直後の会社にいきなりお金を貸してくれる銀行等は、まず無いわ」

西野さん　「そうすると、親や親戚、友人などから借りることになりますね？」

寒川課長　「そうね。だから親や親戚、友人は大切にするといいわね！」

西野さん　「銀行等がお金を貸してくれるようになるのはいつ頃からですか？」

寒川課長　「起業した会社の有望性がエンジェルやベンチャー・キャピタルの目に留まって、彼らが出資に応じた頃でしょうね。この段階になると、銀行も起業した会社の将来性や信頼性を高く評価するようになるわ！」

西野さん　「それよりも早くお金を貸してくれるところはないのですか？」

寒川課長　「もちろん、与信審査力が高い銀行や新しい技術やサービス等に対する理解がある銀行は、早い段階から貸付に応じてくれることがあるわよ」

西野さん　「銀行と仲良くしておくことも重要ですね！」

寒川課長　「そういうことね。銀行員に知り合いがいるなら、仲良くしておくことね。そして自分の会社の商品やサービスの有望性を、日ごろから説明しておくことを忘れないようにね！」

寒川課長　「次に会社が大きな資金を必要とするのは、**事業を拡大する時や新規事業に進出する場合**でしょうね」

西野さん　「事業を拡大するタイミングというのはあるんですか？」

寒川課長　「もちろんありますよ。起業後において、提供する商品やサービスの認知度が拡がり、顧客のニーズが高まった時が事業を拡大するチャンスです」

西野さん　「事業を拡大するチャンスが来たら、いったい何をするんですか？」

寒川課長　「チャンスが到来したら商品やサービスの生産能力を増強する、事業所の数を増やす、従業員を増やす、などを、遅滞なく実行するのよ」

西野さん　「これらを実施するのに必要な資金は、いわゆる設備資金になるのですか？」

寒川課長「そのとおりよ。生産設備や販売施設の拡張には多額の資金を必要とします。生産設備や販売施設を拡張したら、それを使用して商品やサービスを販売して代金を回収して、拡張資金を回収するのよ」

西野さん「つまり、生産設備や販売施設の拡張のために投資した資金を商品の販売代金で回収するには、長い期間が掛かるということですね?」

寒川課長「そのとおり。そのため、**設備資金は返済の義務がない株主の出資金で賄うのがよい**とされているのよ!」

西野さん「なるほど!出資で賄う場合、株主に追加の出資をお願いすることになるのですか?」

寒川課長「そうなるわね。この追加の出資は資本金の増加につながるので、**増資**と呼ばれているわ」

西野さん「なるほど!」

寒川課長「次に会社が大きな資金を必要とするのは、**非常時**ね!」

西野さん「非常時というのは、どのような状況ですか?」

寒川課長「災害や感染症の発生、大規模な金融危機などで、社会全体の経済活動が停滞することがあるわ」

西野さん「すると、運輸業者や飲食業者、接客業者など、特定の業種の会社が業績に大打撃を受けることがありますよね?」

寒川課長「そうね、このような会社は、営業活動で資金を獲得するのはほぼ絶望的になるわ」

西野さん「でも、従業員の給料の支払いや生産設備のメンテナンスなどは止めることができないですよね?」

寒川課長「そのとおりです。そこでこのような会社では、経済性が悪くメンテンスにコストが掛かるようになった設備等を売却したり、人手不足の業界に従業員を出向させたりして、経費の圧縮に努

めるわ」

西野さん「それで乗り切れるのですか？」

寒川課長「顧客が非常時前の 10% とか 20% などに落ち込んだ業界の会社は、難しいでしょうね？」

西野さん「すると、業績も厳しくなります…ね？」

寒川課長「そうね。損益計算書の上でも大幅な赤字は避けられないわね。当然、株主への配当の支払いも中止になりますね」

西野さん「どれくらい続くのかしら？」

寒川課長「業績が非常時の前の水準まで回復するまでに数年を要することもあるわ！」

西野さん「その間の会社の資金繰りも大変になりますね？」

寒川課長「そうね、不足する資金を増資や長期の借入で調達せざるを得なくなるわね」

西野さん「すると、後々、配当や利息の支払いが重荷になりますね」

寒川課長「そうね。それを乗り超える業績を上げられるように頑張るしかないわね」

寒川課長「以上の資金を必要とするタイミングと調達する資金と調達方法の関係を、運転資金と設備資金に分けて一覧にすると、このようになるわ！」

と言って、以下の表を書きました。

（タイミング）	（運転資金）	（設備資金）
起業時	出資、短期借入	出資、長期借入
事業拡大時	短期借入	出資、長期借入
災害時	長期借入	出資、長期借入

第４部　資金計画と管理

おわりに

　本書で取り上げたテクニックは 19 世紀の末頃に開発され、経営環境の変化に合わせて、その時代の経営者の悩みを解消するために改良されてきたものです。

　その意味では、本書で紹介したテクニックは、現代の製造業の経営に適したテクニックと言い換えてもよいかもしれません。

　一方、私たちの社会は情報技術を多用する時代に入ってきました。経営のテクニックも、それにマッチしたものが数多く開発されていくものと考えられます。本書で紹介したテクニックがその際のお役に立てれば幸いです。

　なお、本書の作成に当たっては以下の文献を参考にしました。また、使用した図表のいくつかは Mc Graw Hill 出版社の「Introduction to managerial accounting（7th edition）」の図表を参考にして作成しております。

参考文献：

Introduction to managerial accounting (7th edition) — Mc Graw Hill
段階式日商簿記 2 級工業簿記（23 年度受験用）－ 税務経理協会

著者プロフィール

土田 義憲（つちだ よしのり）

著述業、公認会計士
新日本監査法人シニアパートナー、国際教養大学客員教授を経て、現職

【主な著書】

『社会人になったら知ってほしい・人生のお金の話』(ロギカ書房)

『君たち中学生・高校生が学ぶ会計』(ロギカ書房)

『会計思考で理解する 会社のお金の流れと管理』(ロギカ書房)

『会計思考で不正取引を発見・防止するための本』(ロギカ書房)

『会計思考で成長する若手社員 入社 5 年目 秋山君の挑戦』(ロギカ書房)

『実践ビジネス・リスク・マネジメント』(大蔵財務協会)

『内部統制の実務』(中央経済社)

『財務報告に係る内部統制』(中央経済社)

『取締役・監査役の内部統制』(中央経済社)

『内部監査の実務』(中央経済社)

『税務調査で使える内部統制のつくり方』(中央経済社)

仕事で使える
管理会計

発行日	2024 年 3 月 20 日
著　者	土田 義憲
発行者	橋詰 守
発行所	株式会社 ロギカ書房
	〒 101-0052
	東京都千代田区神田小川町 2 丁目 8 番地
	進盛ビル 303
	Tel 03（5244）5143
	Fax 03（5244）5144
	http://logicashobo.co.jp
印刷所	モリモト印刷株式会社